1分鐘冥想筆記

書いて整える1分間瞑想ノート

比靜坐更簡單的減壓筆記術！

吉田昌生—著　林佩玟—譯

前言——寫下來就能理出思緒

「我很不會整理自己的想法。」

「我常常覺得煩躁，就把氣出在別人身上。」

「我老是想一些令人不安或擔心的事。」

「我試過冥想，可是沒有成功。」

你是否有過這些想法？

如果有符合其中任何一點，那就一定要試試看本書介紹的「書寫冥想」。

使用筆和筆記本進行的「書寫冥想」不但簡單而且容易實踐，和一般閉上眼睛進行的冥想相同，改變自己人生的效果甚至更好。

我以冥想家、正念冥想專家的身分活動。現在不但指導許多人正念冥想，而且能夠保持自己內心的平穩，不過以前可不是這樣的。

二十多歲時的我，對自己的未來很不安，還違背了父母的期待沒有就業，因此受到自卑感、罪惡感及孤獨感苛責。

一些小事就能使我煩躁，總有事情讓我感到生氣；但另一方面，又常常想到自己沒有做好的地方，心神都專注在無法改變的事上，因此自暴自棄。

讓我改變的契機，就是**「正念」**。

近年來，「正念」受到全世界矚目，不只是罹患憂鬱症等精神方面疾病的人，像 Google 或 Apple 等全球大型企業也都將正念加入研習課程，是為商務人士進行研習訓練時採用的冥想法。

接觸正念冥想後的我有了一百八十度的轉變。

受到正念效果感動的我，希望和更多人分享這美好的恩惠，於是從二〇〇九年起開始與各行各業的人進行正念冥想的研究與指導。

一開始我是在自己的教室、瑜伽教室或運動中心等地指導，不過從二〇一五年之後，接受指導的單位和學生的範圍越來越廣，我也開始到企業、醫院或大學等地演講。

我曾寫過十本以上有關正念的入門書，十五年來透過書籍、手機應用程式、YouTube 等媒體，指導超過五十萬人正念的經驗，讓我深信一件事。

那就是「冥想對眾多現代人而言是一項必備的技能」。

不過，我也看到許多人「沒辦法冥想」、「無法持續冥想」、「感受不到冥想的效果」。

對於這些人，我想推薦的是**「書寫冥想」**。

什麼是「書寫冥想」？

本書介紹的「書寫冥想」，是我自己研究並親身實踐的方法。

這是從長年研究正念、腦科學、心理學、教練學中誕生的方式，雖然樸素簡單，但不僅可以整理想法與情緒，還可以深入自我洞察、自我療癒，以及改善行為。

「書寫冥想」有幾個步驟，不過最基本的方法是：

不帶評判地寫下自己腦中的任何東西。

就是這樣。

詳細內容之後會慢慢介紹，**不過在有限的時間中，專注地寫下腦中的想法、不安、思緒、情感、在意的人事物等等，可以整理想法與情緒，減輕不安或壓力等負面感受。**

接著，如果深入挖掘腦中迸出的東西，或向自己提問，還可以產生更進一步的「覺察」。

和一般冥想不同的是，自己的想法、模式、慣性會因此「視覺化」，而變得更容易處理。

簡單來說，就是可以**將「覺察」落實在「行為」之中**。

自己的想法、行為、模式會因為「覺察」而得以改變。不過，有些人即使從冥想中覺察到會讓自己痛苦的內心習慣，也很難改變自己。

人是健忘的生物。如果不刻意去意識，就會被每天忙碌的生活拖著走，很難將「覺察」轉換成實際的行為。

不過，**如果每天寫筆記，不但可以看見自己的想法和平常開啟的情緒模式，還可以延伸到對於這些模式，該放掉什麼或該採取什麼行為等具體的改善行動。**

本書介紹的「書寫冥想」方法，非常推薦給已經習慣冥想的人、不曾冥想過的人，或是已經放棄冥想、無法持續冥想的人。

即使認為自己沒辦法冥想也不用擔心。

之所以無法持續，不是因為你不適合冥想，或許只是因為你不知道適合自己的方法——書寫冥想。

寫作時我謹記著，要寫出確實能夠實踐，並且派得上用場的內容，希望讓讀者讀到最後，並在實際操作後，感覺到「因為這本書讓我有了改變」。

不需要特殊的工具，只需要筆記本和筆，以及開放的心就可以開始。準備好筆記本，在實際動手的同時，一步一步實踐下去吧。

若本書能成為讓你活得更輕鬆，讓自己的人生過得更好的契機，便是作者無上的快樂。

吉田昌生

目錄

第二章

「書寫冥想」的基本 53

書寫冥想，
一分鐘筆記的基本

第三章 調整精神層面的「書寫冥想」 95

第五章 改變未來行動的「書寫冥想」 165

第一章

給無法持續冥想的你

為什麼覺得冥想很難？

冥想是一種能達成內心健康與精神平和的絕佳方式。

據說冥想源起於西元前一千五百年左右，擁有非常悠久的歷史。如果冥想沒有任何效果，就不可能被人傳誦數千年。

近年來，腦科學領域不斷進行冥想研究，我們現在得知冥想時大腦的結構會改變。有許多論文發表過，電視和雜誌也為此製作特輯，二〇二三年初紐約的公立學校也將冥想納入必修。紐約市內從幼稚園到高中，所有的公立學校，每一天都要進行二～五分鐘的冥想。

進入冥想時，掌管記憶力、集中力、學習能力的大腦區域會產生變化，情緒調節能力也會上升。大腦和內心產生變化後，可以改善焦慮及憂鬱的症狀，開始能夠與負面情緒好好相處。

事實上，我本身的個性原本也很負面，但在堅持冥想後，學到了如何恰當地應對情緒，生活因此變得更輕鬆，開始覺得每天都很快樂。我每天都能聽到很多諸如此類的心聲：

「幸福感增加了。」
「心情比較平穩了。」
「很開心不用再吃藥了。」
「開始能夠睡好了。」
「不再經常被憤怒或悲傷牽著鼻子走。」
「開始能接受原本的自己。」

有效果、有好處卻無法持續冥想的原因

但與此同時，聽到下列煩惱的機會也增加了。

「我對正念有興趣，所以做了滿多功課，但老實說卻沒有辦法持續。我很清楚正念冥想很好，所以一直想再試一次、再試一次，只是沒有時間……」

這是我認識的人所說的話。關於這點，我本來就認為「應該也會有這樣的人」，所以並不特別驚訝。

然而，不只那位朋友，有滿多的人也說了同樣的話。

「沒有時間冥想。」

「什麼都不做，只是安靜坐著好難。」

「我會忍不住東想西想沒辦法集中。」

「忍不住睡著了。」

「沒有感受到效果所以就放棄了。」

「我不適合冥想。」

從幾年前開始，很多人有機會接觸到「正念」，然而我不認為它現在已經變成人人都理所當然在做的習慣了。

很多人在不斷實行正念後感受到了效果；但另一方面，我也聽到很多人說很難持續。

我每次收到這樣的訊息，就深切感受到對現代人而言，冥想並不是件簡單的事。許多傳訊息給我的人，理性上都能理解冥想會帶來好的效果。

然而，這需要持續一段時間才能實際感受到。

因為大家所讚揚的冥想效果，很多都是必須持續練習才能真的感受到。

當然，有些效果可以立即感受到，不過只嘗試一次就體會到所有效果的人應該少之又少。

事實上，包含正念在內的冥想，如果能養成習慣持續下去，可以帶來許多好處。但很多人只嘗試了幾次就放棄，讓我深感可惜。

前幾天，我在企業研習課程中向參加者做了問卷調查，「知道正念的人」數量確實比五年前更多了；但是「有在實踐的人」數量卻沒什麼增加。

因為工作的關係，我問過很多人。現實是，社會對正念的認識是提高了，但能夠每天實踐冥想的人並不多。

沒有持續冥想不是你的錯

閱讀到這裡，大家有什麼感覺？

如果認為「我也覺得冥想好難、我試過冥想，但沒辦法持續」，請千萬不要責怪自己。

沒有持續冥想不是你的錯，也不是你不好。

傳統的實行方式鼓勵盤腿而坐，安靜沉默地坐著，但這個方法並不一定適合生活在現代的所有人。

如果是約二千六百年前佛陀的時代，光是安靜沉默地坐著，或許就能馬上覺察到很多事，進而開悟。

但是，我們生活的環境和二千六百年前已經有了天翻地覆的改變。

工作、讀書……要做的事太多，已經習慣便利都市生活的現代人，內心累積的過剩能量讓我們靜不下來。網路及智慧型手機等電子裝置出現後，我們更難以集中注意力。

從古代印度教徒的角度來看，現代可說是「爭鬥時」（Kali Yuga）[1]吧。爭鬥時是印度教流傳的歷史循環之一，是人心受到擾亂的黑暗時代。

那是環境遭到汙染、疫病流行、政治腐敗，所有一切都不斷墮落的時代，兩千多年前的敘事詩《摩訶婆羅多》中是這麼寫的。

現代人因為外在的噪音、內在累積的壓力和情緒，導致意識不清晰，能量也很沉重，靜不下來成為原廠預設狀態，所以就算只是安靜坐著，也變成一件困難的事。

這就是現代人覺得冥想很難的原因。

幸運的是，到了現代，為因應時代變遷和人們生活方式的改變，除了靜坐冥想，還出現了其他能提升自我認知的方法，而且其效果已獲得認可。

沒能持續冥想的人，只是因為不知道適合自己的方式，在知道適合自己的方式並實際感受到變化後，自然就能持續下去了。

本書將以適合現代人的方式，介紹最容易持續且能實際感受到效果的方法。

1 譯註：Yuga又稱為時，是印度教中的時代單位，共有圓滿時、三分時、二分時、爭鬥時四個時。（參考來源：維基百科）

無法持續冥想的四大瓶頸

為什麼「無法持續冥想」？就我的理解來闡明原因。我認為可以歸納成以下四點：

- 騰不出時間
- 冥想的門檻太高
- 沒有感受到實際效果
- 不再繼續

我們一一來檢視。

瓶頸一　騰不出時間

許多沒有持續冥想的人都說他們「沒有時間」。

每天忙於工作，時間都被塞滿了，在已有大量預定事項和想做的事之下，想要擠出冥想的時間似乎比想像中還要難。

近年來常常聽見的一組關鍵字就是「可支配時間」。

「可支配時間」是可支配所得的時間版概念，意指自己可以自由使用的時間。當然時間是有限的，無論時代如何改變，一年都是三百六十五天，一天都只有二十四小時。

根據某項調查，若排除睡眠及進食等初級活動，以及工作、家事、育兒等次級活動後，人只有大約六小時的可支配時間。即使如此，大多數人可能認為自己的時間不到六小時，覺得實質上只有一～二小時的人也不在少數。

過往的可支配時間主要用於看電視、看書、聆聽音樂，現在則加入上網、滑手機、逛社群網站、收看動畫等，我們的生活方式越來越缺乏時間。

智慧型手機在現代幾乎是所有人的必需品，每個人都可以連上網路或社群網站，因此眾多內容產製企業的目標不再是「該怎麼讓顧客掏錢」，而是絞盡腦汁在「該怎麼讓顧客花時間在自家服務上」（這種獲取人們有限「注意力」、具經濟價值的想法稱為「注意力經濟」（Attention Economy））。

其結果就是幾乎所有網路服務都是免費的，並刻意設計成讓人產生依賴和上癮的遊戲效果。

因為處於這種狀況，所以沒有時間冥想也是可以理解的。

瓶頸二　冥想的門檻太高

我至今遊歷過約四十個國家，曾在各式各樣的聖地、寺院、避靜所進行冥想。這類場所大部分都經過整理，空氣清新且安靜。坐著時可以感受自然，光是呼吸內心就會平靜下來。如果到海邊或森林等親近自然的地方，神社、寺廟、瑜伽教室等氣氛和諧的場所，呼吸自然就會深長，覺得神清氣爽。

在美麗且整潔的空間冥想，很容易集中注意力。

即使現在日本人想要養成冥想的習慣，也很難準備這樣的環境。

首先，你需要在房間創造冥想空間。如果是狹窄的房間，或沒有整理的環境，就會覺得「在冥想之前必須先整理」，因而增加了冥想的門檻。另外，若是有家人在旁，尤其是小孩子的話，也很難空出一個人的安靜時間。

如果家人願意一起冥想就算了，萬一另一半對冥想沒興趣，或是有小孩的話，那真的不是冥想的時候。

也就是說，不但要空下冥想的時間，還有一道高牆是，要整理出冥想的環境、地點和空間。

就算是曾經成功進行冥想的人，遇到太忙、太晚回家、當天已經很累、回家還有其他事要做，也會很難再繼續。

「冥想這件事的門檻很高」其實意思就是很難成為習慣。不管讀書、減肥、整理家中、存錢等等，想要養成習慣，踏出第一步的門檻一定要夠低。畢竟即便門檻很低，要養成習慣都不是一件容易的事。

因此如果冥想的門檻很高，那自然就難以成為習慣。

瓶頸三 沒有感受到實際效果

如同一開始介紹，冥想已經獲得腦科學領域證實有效，無論對肉體或精神層面都有效。可以整理內心的不安和思緒，提升注意力及心理韌性。

但我也有看到認為那不是真實感受的說法。

其中一個原因就是「肉眼看不見／沒有留下形體」。

這是因為，冥想的目的是讓人得以覺察，但我總覺得許多人沒有將他們獲得的覺察應用在日常生活中。

舉例來說，假設我們在冥想時覺察到「我有個慣性是，會反覆回想別人指責我的內容」。

然而卻有一定數量的人，會在冥想結束後不久，忘記他們的覺察。當然，就算沒有將覺察應用在行為中，其實也獲得了冥想本身的效果。

只是他們沒有得到「自己的人生正在改變」的感受。

另外，如果只是應付式地冥想，或是只冥想幾次，那也有可能無法感受到效果。因為沒有實際感受到自己有所獲得，沒有留下任何形體，當然就會出現覺得無意義、「不知道自己在幹嘛」的人。

瓶頸四 不再繼續

最後，我認為「不再繼續」就是無法持續的原因。

「不再繼續是無法持續的原因？你在跟我開玩笑嗎？」大概會有人這麼想吧。冥想必須持續一段時間才有辦法感受到效果。當然，「身心舒暢感」是就算只試過一次也能有感；但肉眼可見的變化，只會出現在持續一段時間的人身上。

換句話說，如果太過追求「像魔法一樣瞬間改變」的速效性，就會出現「嗯？就這樣？」的感覺，與期待之間產生落差，可能會成為不再繼續的原因。

以上四個瓶頸就是我認為無法持續冥想的原因。

大家覺得呢？

不要責怪自己「我注意力不集中」、「好不容易開始冥想卻沒有持續下去，我也太沒用了」。

我再說一次。

沒有繼續冥想，不是你的錯，也不是你不好。

傳統的冥想方式，並不一定適合生活在現代的所有人。

本書會介紹適合你、不需要勉強又能長期持續的冥想方法，請儘管放心。

用「書寫」進行的冥想法

「書寫冥想」好在哪裡？

我推薦給無法持續冥想的人，或是想在現代日本實踐正念的所有人的方法，就是「書寫冥想」。

「書寫冥想」被稱作是日記式書寫（journaling）。因為被引進Google的正念研習課程「Search Inside Yourself」（搜尋內在關鍵字）成為一項作業，而在商業領域廣為人知。

在我的養成講座中也會請學生做「書寫冥想」。本書使用除了我在講座和其他書籍中提過的日記式書寫法，還有以往從未提過、是我親身實踐的過程中系統化的「書寫冥想」。

為什麼書寫冥想很好？因為它和正念冥想幾乎同等，甚至在某方面可以獲得更好的效果。

先前提到對於無法持續冥想而感到煩惱的人有四大瓶頸，這也是消除那些瓶頸既簡單又有用的方法。

我們再來看看這四大瓶頸。

- **騰不出時間**
- **冥想的門檻太高**
- **沒有感受到實際效果**
- **不再繼續**

書寫冥想的厲害之處，就在於可以消除這四大瓶頸。

好處一　短時間可以做到

對於「騰不出時間」的煩惱，書寫冥想基本上只需要一分鐘。

當然你也可以寫更久，但劃分出一分鐘，會讓人在面對筆記本時注意力更集中，更容易感受到效果。因為劃分出時間，不會拖拖拉拉寫不停，下次會更想再寫。

另外，「沒有時間」這句話背後隱含著「我還有其他想做的事、必須做的事（所以沒有時間）」。明明很想去做那些事，但卻「必須在地上挪出空間，擠出二十～三十分鐘盤腿打坐」，這就是不想動的關鍵。

但是，如果是一分鐘的冥想筆記，只需要在工作、讀書、上網等坐在書桌前時，從零碎時間中撥出一分鐘就好。

不需要思考，只要寫出腦海裡的東西，所以大腦不會有「要做一件事」的負擔。當然，還是需要面對內在的自己，只不過比起一般冥想，操作難度大幅下降。

好處二　實踐門檻低

書寫冥想的優點在於「實踐門檻低」。

以往的冥想有場所及環境的問題。想要冥想卻發現房間沒有整理；或是必須在房裡挪出冥想的空間；或是和家人一起生活，所以不方便冥想……有很多的門檻讓人覺得難以實行。

但是，「書寫冥想」不需要空間。**只需要筆記本和一枝筆，時間只要一分鐘就夠了。**

就像平常在房間書桌前工作或讀書一樣，只是寫在筆記本上而已。不會因為要開始冥想而被家人投以異樣眼光，只要先說聲「我要集中注意力了，你們稍微安靜一小段時間」，就不用擔心對方會來找你說話。另外，習慣了以後，就算聽見生活背景音或周遭說話聲，也可以集中精神專注在「冥想」。

好處三 留下形體，使行為持續產生變化

之前提到，沒辦法感受到實際效果，原因是「肉眼看不見／沒有留下形體」，但只要有了筆記本，就不會發生這種情況。

除了冥想本身的效果，將冥想時覺察到的事「視覺化」後，會更容易明白自

己的想法、情緒和行為變化。

此外，書寫冥想的一大特徵是「能夠事後回顧」。如果沒有寫筆記或留下紀錄，就沒辦法知道一個月前自己在冥想中得到的覺察，還有當時的煩惱或想法。不過在書寫冥想中，「回顧」是其中一個流程，我們會在第二章再介紹。

透過留下文字，每週或每月回顧一次，可以再一次察覺自己的想法、情緒和行為變化。

藉由回顧，可以察覺自己的模式，或改善行為，持續並從更高的角度觀察自己的心理狀態。很多新覺察，都經常發生在回顧的時候。

舉個例子，當我們覺察「自己習慣性地不斷回想曾經被別人指責的內容」，就能事先決定具體的解決對策，像是深入思考「這樣回想對實現自己期望的人生有幫助嗎？」，或是「下次再這樣回想，就貼上『反芻』的標籤試試」。

書寫冥想不論在體感或理論方面，都能讓人實際感受到自己的變化。可以看穿問題的本質，整理課題，所以才能讓行為產生變化。

好處四　不需要每天進行

我們再來看看「不再繼續」的瓶頸。

在「書寫冥想一分鐘筆記」的規則中，有一條是：不需要每天持續也沒關係。**就是想著要每天持續，所以才堅持不下去。只需要在想做的時候做就好了。**

開始書寫之後，接下來只要在覺得鬱悶的時候寫，或一週一次、一個月四次的頻率也ＯＫ。

沒有什麼每天非做不可的規定。

當你想做的時候再做反而比較好。

不需要因為沒有做而產生罪惡感。

只在想做的時候去實行就好。

書寫冥想真的有效果嗎？

看到這裡，或許會有讀者認為：「只是在筆記本上寫寫字，真的有像冥想那樣的效果嗎？」

放心吧，當然是有的。畢竟書寫冥想的方法並不是我創造的，除了我之外還有許多人提倡，實驗中也確實看到了效果。下面就來介紹幾個例子。

最簡單明瞭的例子，就是抄經。

抄經自古以來就是實踐佛陀教義的方式，是指手寫經典的行為。在寺院等地，至今仍有抄寫《般若波羅蜜多心經》的習慣。

據說在西元七百二十年完成的史書《日本書紀》中，有關於抄寫經書的描述，因此這是從至少一千三百年前就開始流傳的方式。

抄經被視為冥想的一種。實際上也有眾多寺廟開設「抄經冥想」講座，聽說和打坐、冥想一樣很受歡迎。集中精神、在一定期間內心無旁騖地寫字，可以獲得和冥想同樣的效果。

再來看看其他案例。

書寫冥想被稱為日記式書寫。

日記式書寫的原型為「表達性書寫」（Expressive Writing）。

表達性書寫是一九八〇年代美國社會心理學家詹姆斯・彭尼貝克博士提出，是一種針對創傷後壓力症候群（PTSD）的治療方式。日本稱其為「筆記揭露法」。

將不安或心中壓抑的想法寫在紙上，具有減輕負面情緒的效果。

密西根州立大學曾募集四十四名對過去或未來感到煩惱的學生，進行有關表達性書寫（筆記揭露法）的實驗。

他們被分成兩組，其中一組參加者收到的指示，是在八分鐘內盡情寫下自己的負面情緒。

之後對所有人進行認知能力測驗，在測量大腦運作後發現，寫下不安感受的那一組，大腦功能數值較高。做過筆記揭露的那一組，在工作記憶運作上尤其獲得改善。

憂慮或不安會對大腦的認知處理功能帶來負擔，透過將情緒寫在紙上，就可以把憂慮或不安等沉重負擔從大腦中卸下。

另外，還有一種知名的日記式書寫叫做「晨間日記」（Morning Page）。由藝術家兼作家的茱莉亞．卡梅隆（Julia Cameron）在她的著作《去做你一直想做的事》（日文版書名，暫譯）中提到，有一段時間廣為流行。

做法是將早上心浮氣躁的感受或想法不經修飾地寫在筆記本上，正如該書的原文版書名《The Artist's Way》（《藝術家之路》，暫譯），因為許多創意人士、演員、藝術家都親身實行，所以廣為人知。

不僅如此，日記式書寫也創造出近年世界級的流行，那就是在日本也成為話題的「子彈筆記術」。這是美國紐約數位產品設計工程師瑞德．卡洛所開發，用於整理大腦思緒的筆記法。

小時候被診斷出注意力缺失症的卡洛，在日常生活中吃盡苦頭，所以他養成倒出腦海中的東西，經過整理後再去做的習慣，這就是子彈筆記術，甚至成為全球性的熱潮。

其他還有在麥肯錫公司活躍了十四年的赤羽雄二，其暢銷書《零秒思考力》，也提倡寫下腦中思緒的方法，並獲得好評，讀者表示「可以整理想法」、「不再感到煩躁」。

諸如此類，在一定時間內集中精神，寫下腦海中的東西，幾乎所有實際做過的人都能感受到效果。

能專注在一件事情上就是冥想

《人類大歷史》的作者，也是歷史學者及冥想家的尤瓦爾・諾瓦・哈拉瑞在《21世紀的21堂課》中說過「就原則而言，禪修冥想就是各種直接觀察自己心靈的方法」。

我也深有同感。不是只有坐著、觀察呼吸的打坐才是冥想。

書寫也是，只要能得到覺察或自我洞察，那就是廣義的冥想。

冥想和宗教沒有關係，冥想的意思是據實觀察，然後覺察。

「我怎麼看待這個狀況，我有什麼感覺」，每天寫下自己的感受，就可以觀察自己的內心。

另外，不只是寫下來，重新看自己寫過的東西也能加深洞察力。

「為什麼覺得煩躁？」、「我是否對某些事深信不疑」，有時候也可以察覺過往不曾意識到、內心深層的固有觀念、模式或價值觀。

在正念冥想中，會將意識放在「此時此地」，並持續覺察自身，這一點書寫冥想也一樣。冥想主要是將注意力放在呼吸上，書寫冥想則是集中精神在書寫的動作上，不斷寫下去。

和冥想相同，在開始書寫冥想前會有個建議的儀式，就是調整姿勢與呼吸。

可以的話，在筆記本上寫下五個「1、2」。

連續寫下1、2、1、2、1、2、1、2、1、2這十個數字。書寫時配合呼吸，用鼻子吸氣，嘴巴吐氣的方式來回十次。

在心中慢慢數「1」，深吸一口氣。
在心中慢慢數「2」，深吐一口氣。
在心中慢慢數「1」，深吸一口氣。
在心中慢慢數「2」，深吐一口氣。

感覺怎麼樣？

調整呼吸，全神貫注在書寫之後，就可以感受到「此時此地」。

我們的意識就像聚光燈或相機一樣，可以聚焦，也可以發散。平常很少投以關注的事就只是知道個模糊的大概，而總是給予關注的目標則可以有深入的了解。

無論有意識或無意識，人生的方向取決於你將注意力放在什麼事情上，或你關注哪個部分。

如果因為在意過去和未來，而不斷回想不好的回憶，或意識聚焦在對將來的不安，內心被折磨自己的意識占據，這種時候，就試著把不安或擔憂寫在紙上。不是讓自己不去想，而是刻意面對。對什麼事感到不安？原因是什麼？該怎麼做才好等等，將腦海中的東西排出腦外，但不要加入「好壞」的評判。這樣就能整理思緒，客觀看待煩惱。

書寫冥想是從小學生就能開始做的冥想方式之一。該做的事很簡單，效果卻是絕佳。

1. 準備喜歡的書寫工具和筆記本
2. 設定好計時器
3. 腦中想到什麼就寫什麼（如果腦中沒有想法，那就寫「什麼想法都沒有」）
4. 計時器的鬧鐘響起後，就放下筆、深呼吸，結束冥想

所有的想法和情感肉眼都看不見，將其寫下來就是「視覺化」。「視覺化」後，我們才有機會處理心中的想法、情緒、行為模式等，也才能開始改變。

進行書寫冥想可以獲得什麼效果？

效果一　可以整理想法與情緒

寫下來之後大腦會變輕鬆，內心會越來越井然有序。這是因為「工作記憶」被釋放出來的關係。

人類的大腦中有一塊名為「工作記憶」的短期記憶區。這裡被叫做作業記憶，是指在短時間存放、處理資訊的能力。

這和電腦的隨機存取記憶體「ＲＡＭ」很相像。如果同時開啟各種應用程式，速度就會變慢；相同的道理，若同時思考太多事，工作記憶就會陷入超載狀態。

如果最近大腦變得不太靈活，沒辦法順暢無礙地思考，感覺記憶力變差，可能就是腦內的記憶體容量已滿。

寫下來就像將電腦上的資料儲存到外部空間，把煩惱和思考的事寫在紙上，可以釋放一部分的工作記憶，也會因此感到輕鬆。

無論是想解決煩惱或整理房間，重點都是將儲藏在內的東西暫時挪到外面。在心理學中，把內心想法表達出來，稱為「外顯化」，將身心「內在」的現象，透過紙張或手機等「外在」媒體表達，就能梳理想法和情緒。

效果二　減輕壓力

如同先前所述，日記式書寫是以表達性書寫為基礎，作為創傷後壓力症候群（PTSD）的一種治療方式。

紓解不安或緊張的原因，心理學稱為「淨化作用」（catharsis）。現已得到證實，在紙上如實寫下自己的心情，負面情緒會因為「淨化作用」得到宣洩，而提升幸福感。

把目前的煩惱、覺得不安的事化為文字寫下來，可以讓煩惱更明確，就像俄羅斯方塊中的凸面磚和凹面磚結合一樣，消失得一乾二淨。

人對不明白的事、不明確的狀況會感到不安，不過寫下來之後，模糊不清的煩惱就有了具體的形狀，光是這樣就能減輕焦慮，讓人安心。

此外，寫下目標或願望，讓想法更明確之後，能察覺到快偏離價值觀或目標的自己，並重新回到目標和動機的軌道上，這樣不但能減輕壓力，也更容易控制精神層面。

效果三 後設認知能力會提升

能夠做到後設認知是非常大的優勢。

在正念或聚焦（focusing）等心理治療方式中，會使用「認同分離」（disidentification）。認同分離意指客觀地觀察自身，將情緒及想法當作是眼前發生的他人之事。換句話說，不是將自己和那些情緒、想法當作同一人，而是將它們視為身體裡正在經歷的事。

能夠得到「認同分離」的視角，進而做到後設認知，可說是冥想或日記式書寫的目標。

這種感覺就像靈肉分離，靈魂從稍微高處的地方俯瞰肉體一樣。

這正是十四世紀日本的能樂師世阿彌所說的「離見之見」。「離見之見」是指觀者並不和舞臺上發生的事或人物融合為一，而是保持一定的距離觀看。因為距離太近，反而會讓人看不清。

情侶或夫妻若總是相處在一起，會漸漸地越來越不了解對方，但只要稍微拉開距離，就又能開始理解對方。或是一直待在日本，便不會知道日本的好與獨特性，但只要到了國外就能夠明白。

我們的內心也一樣，將盤旋在腦中的情緒或想法、位於內在的東西書寫下來，就能夠客觀地看待。

效果四　可以深化自我洞察能力，改變自己

正念或書寫冥想是一種「覺察」的訓練。

我們的思緒是無意識在運作，我稱之為自動駕駛狀態。

意思是行為和想法很少從零開始產生，而是根據過去的經驗或習慣運作。

意即如果我們無法自我覺察無意識的想法或行為，就會不斷重複負面習慣、慣性或是反應模式。

反過來說，只要察覺自己總是有什麼反應，就不容易陷入負面想法、情緒或行為模式。

覺察、自我洞察越來越深化之後，就能發現並放掉自己自幼以來不斷重複的慣性、根深柢固的想法，或不知不覺間承襲自父母的價值觀。

不再將負面的想法照單全收，重新植入對自己未來人生有幫助的新思維或價值觀，生活方式就會慢慢改變。

效果五　從新視角看事物的能力提升，獲得共感能力

Google 也有提到，冥想的效果之一就是「共感能力」。

若用一句話說明，就是可以感受對方的心情或感覺的能力。在實際進行本書介紹的書寫冥想或日記式書寫作業後，能開始意識到他人話語背後的意涵。能開始將事實與解讀分開思考，知道自己感受到的只是其中一個面向。

「該怎麼看待這件事才好？」、「這個問題的本質是什麼？」、「什麼解決方式才是最佳對策？」，想到什麼就直接寫在筆記本上，便能從多個視角觀看事物或現實。

能這麼做之後，便不會再被對方的一舉一動牽著鼻子走，怒氣也會消失，並能開始寬恕和理解對方。

效果六 活化前額葉皮質，更容易控制情緒

前面寫到冥想可以活化大腦的前額葉皮質，書寫的行為也同樣能活化大腦前額葉皮質。

以「大腦訓練」聞名的東北大學加齡醫學研究所所長川島隆太教授，曾對書寫文章時的大腦活動進行研究，發現如果是用手寫，大腦前額葉皮質會活躍運作；但若是用電腦或手機打文章，前額葉皮質則幾乎不會活動。

前額葉皮質是大腦掌管下決定、解決問題、控制注意力、克制情緒的區域。研究認為這裡和學習、記憶有很深的關聯。

若前額葉皮質活躍，比較有能力有意識地控制自己的情緒或衝動，能做出更好的判斷或克制自己。

相反地，前額葉皮質若不活躍，就會變得情緒化、衝動，漸漸導致無法控制情緒。

除了前面所舉的六大效果，還可以得到以下效果：

- **提升智商（IQ）**
- **提升語言表達能力及溝通能力**
- **讓情緒更有條理**
- **讓價值觀和目標更明確**
- **提升創造力**
- **心理韌性增加**
- **提升注意力**
- **開啟接納自己、自我成長之路**

●提升幸福感、感恩能力

各位覺得如何？書寫冥想雖然樸素又簡單，卻能獲得非常巨大的效果。寫在筆記本上，自然就會從「煩惱」模式切換到「思考」模式。

一直陷在「怎麼辦、怎麼辦」的迴圈，想法變得負面、持續煩惱，無法讓你朝著解決問題的方向前進。但是如果可以區分事實與詮釋，訂立自己的問題與假說，進而採取下一步行動，人生就會確實地往更好的方向前進。

寫下腦中的東西→覺察→深入挖掘→覺察→提問→覺察……光是反覆這個過程，壓力和不安就會慢慢減輕，想法、價值觀和該做的事也會越來越明確。

下一章起要進入實際操作，首先從第二章的基本步驟開始做起吧。

進行書寫冥想的好處和效果

〈進行書寫冥想的好處〉

- 短時間可以做到
- 實行門檻低
- 留下形體，使行為持續產生變化
- 不需要每天進行

〈預期效果〉

效果一：可以整理想法與情緒
效果二：減輕壓力
效果三：後設認知能力會提升
效果四：可以深化自我洞察能力，改變自己
效果五：提升從新視角看事物的能力以及共感能力
效果六：更容易控制情緒

……等等，還可以獲得其他各式效果。

第二章

「書寫冥想」的基本

書寫冥想的三種神器

進行書寫冥想時準備的東西

進行書寫冥想時需要的東西如下：

- **筆記本（A4大小的紙）**
- **筆**
- **計時器**

就這樣而已。坐在桌椅前，一起來整理內心吧。

書寫冥想使用的筆記本和筆只要選擇自己喜歡的就好，基本上很隨意。這裡介紹我挑選筆記本和筆的方式給大家參考。

我推薦的筆記本是Ａ４大小的方格筆記。如果是會畫畫的人，就選空白或是點狀內頁；若是會帶筆記本出門的人，Ａ５尺寸也很不錯。因為每個人喜歡的紙張觸感和筆寫在上面的滑順度都不一樣，所以先試寫過比較好。

當然直接用Ａ４紙也沒關係，只是為了方便回顧，最好是用活頁紙等可以彙整的紙張。

筆的話，我推薦寫起來很順的直液式鋼珠筆「VCORN」。我用的是藍色VCORN，筆芯可以依照書寫風格或喜好選擇細、中、粗。

考量自己的喜好、目的、手的大小、書寫流暢度後，嘗試幾個選項，選出感覺最舒適的那支筆吧。

書寫冥想，一分鐘筆記的基本

步驟一「寫下腦中的想法」

首先是一分鐘的自由書寫，請「寫下腦中的想法」。

先從調整呼吸做起。

浮現在腦海裡的想法、情緒、在意的事、不安的事、開心的事、覺得自己必須做的事……不需要思考，在一分鐘之內，不停筆地將現在腦海裡的思緒寫下來。不要花時間思考，不用判斷好壞或做「善惡編輯」，請直覺、流暢地寫下去。一開始可能會不知道要寫什麼，所以在寫之前先想一下這幾個問題。

- **最近有在意的事嗎？**
- **最近在擔心或煩惱什麼？**
- **現在自己真正想做的事是？**
- **現在有什麼感覺？**

● 今天想要思考的主題是？

如果突然想畫畫，那就用畫或圖表表現也可以，不一定要用文字。將文字難以表達的情緒或心情用視覺方式展現，更容易幫助自己深刻理解內心。

這些筆記不是要給別人看的，所以不要撒謊，誠實且不經修飾地寫下來。不要猶豫，把浮現在腦中的東西原封不動地，在一分鐘之內，毫無限制地寫下來。

手邊剛好沒有筆記本的人，可以寫在下一頁。

訣竅是關掉大腦的開關，不要思考，在一分鐘之內寫就對了。

完全不需要在意有沒有錯字、漏字，或文章寫得好不好，容不容易閱讀。字醜也沒關係，總之就是專注在動筆，把想到的事原原本本地寫下來。

關掉大腦礙事的煞車裝置，不要加入批判或評斷，寫下去就是。

具體一點就像：

「我寫的東西怎麼樣？」

「這麼丟臉的事真的可以寫嗎？」

「我的字還真醜。」

「不准寫自己的糗事。」

不要去想這些事。不管是評論或做取捨，都等全部寫完再說。定期做這項練習，可望提升日常工作效率及創造性。

一開始可能不知道該寫什麼才好，這時就照實寫「我沒有想法」。

就算無話可說，只要定期書寫，就能察覺內心的情緒或想法，文字表達能力也會提高。即使剛開始一分鐘只能寫一～二行，只要持續在一分鐘內快速書寫，之後也能寫到超過五行。

可以的話，最好在不會分心的個人空間書寫。就算要和其他人一起寫，也要在能確保內心安全的情況下進行。

必要的話就先調整空間與呼吸，讓自己能放鬆並集中精神在書寫上。

這就是基本的步驟一「寫下腦中的想法」。

之後會介紹步驟二和三，不過沒時間的話，只做步驟一也沒關係。這就是基本的「一分鐘書寫冥想」。

書寫冥想，一分鐘筆記的基本

步驟二「選擇一項主題，深入挖掘」

完成一分鐘書寫後，接下來要做的事是：看著寫下來的內容，再寫出有什麼新感受，然後從新寫下的字句中挑選一個，進行更深入的挖掘。例如：

- 工作
- 職場上的人際關係
- 和家人的關係
- 未來想做的事與擔憂
- 錢的煩惱

假設一分鐘書寫裡出現這些。

在步驟二中，我們要從中選擇一項在意的內容，再次進行一分鐘的深入書寫冥想。這次不再只是寫下來就好，而要更具體。

- **在意的事是什麼？**
- **發生過什麼事？**
- **自己覺得當時怎麼做比較好？**
- **自己打算怎麼做？**
- **最糟的情況是什麼？**
- **最佳情況是什麼？**

諸如此類，想到什麼就往下挖掘、寫出來。

時間也是一分鐘，寫完之後慢慢深呼吸五次。

感覺怎麼樣？

深入挖掘一個主題後，便能漸漸看到位於深處的本質，從這裡甚至可以抵達具體的解決對策或真理。

像苦惱於人生的佛陀，也是在徹底深入挖掘痛苦之後才悟道。如果只淺層地想著「我不想死，痛苦能不能自動消失」，就會陷入無限迴圈的鑽牛角尖，不過佛陀不一樣。

「為什麼人類會感到痛苦？」
「什麼情境會讓人覺得痛苦？」
「想從痛苦中解脫該怎麼做？」
「回到最根本的問題，我到底是什麼？」

透過自我探求、觀察內心，得到深層的洞察與智慧，而後悟道。因為徹底面對痛苦，最終明白痛苦的根本原因及解決方法（正念）。

愛因斯坦說過「我們不能運用同樣的腦袋，解決眼前我們製造出來的重大問題」。要讓思考由淺入深，就必須花時間與自己對話。

書寫冥想，一分鐘筆記的基本

步驟三「主題×提問」

基本上完成步驟一和步驟二就算結束了。希望大家每天進行「書寫」和「深入挖掘」。

不過每天做這些作業，最後浮現出來的可能都是同樣的內容。像「○○沒有做好」、「昨天也睡過頭，剛起床時精神不佳」等出現一次、兩次就算了，若每次書寫冥想時，都出現同樣的內容，可能就會讓人覺得做這件事有意義嗎？

「我有在進行書寫冥想卻無法深化」、「不知道要寫什麼」，出現這類想法時，推薦進行「自我提問」。

「自己真正想做的事是什麼？」

「這週該做什麼事？」

類似這樣，為一分鐘書寫冥想設定主題，向自己提問。

提問是一件很不可思議的事，即使覺得不想思考，但人只要被提問，思緒就會開始運轉，想要找出答案。

例如被問到「1＋1等於多少？」，自然就會浮現出「2」。接下來問自己「紅色的東西在哪裡？」同時看看四周。

你會發現自己很明確看見了紅色的東西。依照這種感覺提問，大腦就會開始搜尋必要的資訊，更容易覺察。試著問自己想知道的事，或感到疑惑的事吧。

讓書寫冥想越寫越順的三十個問題

現在來實際寫寫看吧。

請準備新的白紙。

首先，將這次的主題和問題寫在最上方。

這樣應該就能理解大腦會自行運作，無意識地思索答案。

「沒有想法」的時候就提問，對於書寫冥想來說**很有效**。

這裡介紹幾種模式給大家參考。

感覺到自己開始千篇一律，或覺得沒有任何想法時，就從下列三十個問題中挑選一個，自我提問後再開始書寫冥想。

當然，不用下列問題當主題也很ＯＫ。

1. 用一句話形容現在的自己

2. 現在最想要什麼東西？

3. 覺得自己最強的優勢是什麼？

4. 最近一次流眼淚是什麼時候？原因是什麼？

5. 對十年後的自己有什麼想像？

6. 你最尊敬的人是誰？為什麼？
7. 你覺得幸福是什麼？
8. 人生覺得最驕傲的瞬間或事情
9. 什麼時刻讓你覺得最有活力？
10. 人生最重要的價值是什麼？
11. 過往人生中遇過最困難的經驗是？
12. 當你克服這些困難後，學到了什麼？
13. 人生旅途中希望達成什麼？
14. 覺得自己每天是為了什麼而起床？
15. 什麼場合下，你覺得自己真的在做自己？
16. 你認為什麼是成功？
17. 人生中感到後悔的事
18. 最感謝的人是誰？原因是？
19. 你的人生任務是什麼？
20. 什麼事情讓你覺得自我設限？

21. 能打從心底覺得快樂的活動是什麼？
22. 你能帶給他人最棒的禮物是？
23. 對目前的生活是否滿足？
24. 能讓自己感到幸福的小小日常是什麼？
25. 對你來說「奢侈的時刻」是什麼？
26. 以往人生中發生過最受衝擊的事或消息是？
27. 你對他人有什麼期待？
28. 什麼是愛自己？
29. 小時候的夢想是什麼？
30. 在人生的最後一刻，最想說的話或最想完成的事是什麼？

只要「提問」，思緒就會開始轉動

請從中選一個問題書寫。不是搜尋自己的外在，而是向內在搜尋，深入探索自己對於問題的答案。剛才列舉的題目問 Google 或 AＩ也得不到答案，因為答案就在你心中。

這些問題可以幫助你深入認識自己，更明確知道自己的價值觀和想法。

如果問了這些問題還是沒有任何想法，那就不需要勉強自己。只是那天剛好空白而已。前面也提過，那就寫下「沒有任何想法」，隔天或某天覺得鬱悶，或發生令自己放不下的事時再寫就好。

沒有任何想法並不是壞事。事實上，「我是誰？為什麼而活？」這類問題並不是馬上就能有答案。比起有答案，思考的過程或真誠面對自己的態度更值得重視。

反覆思考同一個主題，會深化自己的想法，進而能用更精準的文字描述。即使當時沒有得到答案，大腦仍會無意識地繼續探尋，在日常生活某個不經意的瞬間，你可能會突然想到「啊，原來是這樣」。

正念冥想的訓練方式分為聚焦某個特定目標的集中型冥想（由上而下型的專注），與不聚焦特定目標、有什麼觀察什麼的冥想（由下而上型的專注），兩者效果不同，但都非常重要。

對初學者來說，比起不聚焦特定目標、腦中浮出什麼就觀察什麼的冥想，聚焦於特定目標的集中型冥想或許比較容易懂。

書寫冥想也一樣。無論是不訂定主題，自由書寫目前在意、浮上心頭的事；或是決定主題，聚焦在想要關注的目標上都可以。

如果覺得自己很難做到想到什麼寫什麼，或覺得有主題比較容易進行，那就選個有感覺的主題來寫寫看。

利用書寫冥想中的「回顧」，讓覺察產生十倍改變

回顧寫下的內容與覺察的紀錄，可以讓你理解自己，所以記得每隔一小段時間就定期回顧自己寫的東西。

圈選出特別在意的內容，用紅筆做追加附註。

整理想法、情緒或覺察說起來很簡單，但要馬上整理所寫的東西其實很困難。**整理的訣竅在於隔一段時間之後再回顧。**間隔一段時間或日子，自然會變得比較容易。幾天、幾週、幾個月後再回顧，也能掌握自己狀態的流動。

回頭閱讀那些內容，應該會發現經常出現的詞彙。

「原來我當時是這樣想的嗎」、「原來我那時候這麼在意這件事」，有時這類覺察或發現會在寫完後才出現。

將這些關鍵字用馬克筆或有顏色的筆寫下追加附註（我是用藍色的筆做書寫冥想，追加附註則用細字的紅筆或綠筆）。

那些可能是你內心的不平衡、不滿，或不斷拖延的想做的事。或許你會從中看見自己想說的話，或某些共同點。那是一種「自己的想法」清晰浮現的感覺。圈起有共同點、相同的內容，或用有顏色的筆畫線整理也很好。

然後建議回頭檢視過去寫的筆記，深入挖掘在意的主題。

回顧時使用的「1N1W1H」

在深入挖掘回顧的內容時，可以使用「1N1W1H」的問句提問。

Now　現在變得怎麼樣？現在回頭看感覺如何？

Why　為什麼？為什麼當時會這麼想？

How　接下來怎麼做？問題的具體對策是？

從這三個面向對自己提問，會更容易產生新的覺察或發現。

首先是Now。問自己「現在變得怎麼樣？」、「回頭看感覺如何？」，然後寫下來。

接著是Why。回顧過去，再深入挖掘自己的感受和想法。

最後是How。問自己「接下來怎麼做？」，照實寫下自己的答案。

裡面應該會有難以解決，或不知道該怎麼辦的內容。此時就接受「這件事很難解決」的事實。等到再過一段時間回顧時，你的心境或狀況或許已經改變了。

這個回顧作業會成為一個契機，讓你察覺原本就在心中，只是沒有發現的想法，或自己思考上的慣性。

在進行回顧時，另一個要意識到的事是「書寫的速度」。

不需要像寫下腦中想法或深入挖掘時那樣振筆疾書，而是有意識地放慢書寫速度。

在回顧時讓大腦進入「深思模式」，慢慢地思考。

經過深思熟慮後才動筆能促使表層意識運作。尤其是要冷靜、理性做判斷，或整理寫下的東西時，稍微花一點時間，慢慢仔細地思考。

書寫冥想最重要的兩大重點是？

基本的「書寫冥想」是將腦中資訊全部寫下來。

光是這樣就可以整理腦海中的思緒。

基本步驟一～三的重點是「不要思考」、「不要評判」。

之後介紹的日記式書寫則有一部分是設定主題，或向自己提出具連貫性的問題，然後寫下答案。不過基本上目的都在於將想法、情緒或感受從大腦內部移到外部。

書寫時請想著重量不重質。

將感受到的、思考的內容原原本本地寫下來，客觀地看自己的內心。這種觀照內心的方式，就稱為「正念」。

正念的源頭，來自至今約二千六百年前，佛陀推廣的佛教教義「內觀」。

西方世界則於一九七〇年代將其作為精神修養及心理治療而為人所知。其中第一位倡議者，是美國麻薩諸塞大學醫學院的教授喬．卡巴金博士。

卡巴金博士向禪修老師學習冥想和修行法，開發了冥想課程，作為應對壓力及鍛鍊內心的方法。卡巴金博士將正念定義為「面對當下和當下的體驗，不做一切價值判斷，在有意識的觀照下得以實現的覺察」，他推動了冥想與科學的結合。

正念在歐美社會以「awake」、「aware」、「attention」、「accepting」、「alertness」以及「retention」等單字表現。另一方面，佛教術語則使用表示記住的「sati」[2]，日語中則使用「念」、「覺察」等字彙。

不要評判腦中的想法

沒有「覺察」，一切都不會改變。

寫在筆記本上，先將自己腦中所想、現在在意什麼等思緒外部化，才能著手處理覺察。

處在想法、情緒、感受與自己合為一體的狀態下，就會被「討厭」、「痛苦」、「不安」等情緒牽著鼻子走。

寫在筆記本上後，「自己不再是那些情緒」，因此視角可以轉變為「觀察者」，於是進而察覺「我對那個人不爽」、「我還卡在兩天前別人指責我的話裡出不來」等負面的自己。

所以，和「覺察」一樣重要的就是「不要評判自己覺察到的內容」。評判的意思是做價值判斷，或判斷好壞。不只是在做書寫冥想時，剛開始接觸冥想的人總是會忍不住評判自己，容易覺得自己根深柢固的觀念、模式及想法「都是不好的」。我們來延伸前面的例子。

「竟然還卡在兩天前別人指責我的話裡出不來，也太蠢了吧。」
「沒辦法改變的事情就不要去想了，你的內心真的很脆弱、很討厭欸。」
像這樣出現這些想法。
這就是在評判自己的狀態。

2 譯註：巴利語。

一定要小心這種批判性的聲音。

例如在會議上，有批判性格的人一直在說些貶低的話，這會怎麼樣呢？是不是會造成很難暢所欲言的氛圍，也更難產生比較非主流、尖銳的意見或突破性的想法？如果內心有個制裁自己的內在法官，就很難如實地寫下感受。所以要在自己的內在開闢一個安全區域，不要加入任何評價或判斷，想到什麼就如實寫下。

重要的是不要評判，要觀察真實無欺的自己。不要對浮現的字句做判斷或解釋，只要認同、接受即可。

早、午、晚的日記式書寫作業

這是建議與基本的書寫冥想一分鐘筆記法分開進行的日記式書寫方式。

在早、午、晚向自己提問完建議的問題後再做，但不是全部都非做不可。只要在早上起床後覺得「今天想要採取一些更有自主性的行為」；或在晚上覺得「我來回顧一下好了」的時候再花一分鐘完成就好。

如果想和基本組合一起進行，那就在寫完一分鐘的書寫冥想後，再做早、午、晚的日記式書寫。

早上的一分鐘日記式書寫

「今天，想成為怎樣的一天？」

從「想要這樣過」的方向，寫下一項今天想做的事。

向自己提問，明確寫下一個想要特別集中精神處理的工作事項或目標，意識和行為就會產生方向，從而逐漸過著有自主性的人生。

像完成報告、去健身房健身、和家人吃晚餐、完成簡報資料等等；或是用一句話寫下今天的主題或價值觀也可以。

休息、和家人共度、和朋友見面、運動消除壓力……寫下目標、今天的主題、有意識要關注的事情。

明確訂下今天的任務，就能有意識地安排每日工作事項的優先順序，能在早上以積極進取的心情和明確的目標開始一整天。

中午的一分鐘日記式書寫

「現在，有什麼感覺？」

這不是「非得在中午十二點做不可」的事。

而是一整天中有空檔就可以進行的一分鐘冥想。

首先呼吸一回合，觀察自己內心的狀態，並寫下來。因為內心是多重複雜的結構，所以會有很多狀態，寫下幾個之後，圈選其中一個最能表達目前心情及現況的形容。

用一句話附註選擇那個狀態的原因或說明。

範例）希望　新的專案就要開始了，很興奮。

範例）疲勞　昨晚睡眠不足，有點累。

依照這種感覺，寫下一個形容你現在狀態的詞，然後針對這個形容寫出簡短說明。雖然只是這樣，但這可以讓你察覺到自己的心情與狀態。這種將情緒命名的動作稱為貼標籤，第三章我們會詳細解說貼標籤的功用。

晚上的一分鐘日記式書寫

「今天有什麼好事？」

寫下三件好事。光是「每天寫下三件好事」，就能讓你更容易專注在正向經驗上。

人的大腦有一種偏誤稱作「負向認知偏誤」。

比起正向經驗，我們的大腦更容易留下負向經驗的記憶，不好的經驗就像魔鬼氈黏附在腦海；好的經驗則像經過鐵氟龍塗層加工一樣，不易留下痕跡。

為什麼會產生「負向認知偏誤」呢？因為生物誕生在世界上後，思考負面、可以感知到危險的膽小個體，比思考正面、天不怕地不怕的個體存活機率更高，而我們人類是存活下來的個體，所以有傾向記住壞經驗的特性。

然而，我們生活的環境和一萬年前已經大不相同，不會受到其他動物襲擊，生存環境也沒那麼嚴苛。和一萬年前相比，人類現在生活在安全、受到保護的環境中。

可是我們的大腦和一萬年前卻幾乎沒有改變。優先記住壞事的「負向認知偏誤」特性依然留在腦中。

遠古時代不可或缺的偏誤，到了現代反而成為讓人類受苦的原因。即使那天有過開心的時刻，如果在那天結束時最強烈的情緒是「痛苦」的話，我們就會認為「這是痛苦的一天」。

晚上的日記式書寫，就是改變「負向認知偏誤」的習慣。

在晚上找出三樣即可的好事寫下，盡量持續養成習慣。

多麼微小的事都沒關係。每天寫下三樣好事可以中和「負向認知偏誤」，從而越來越容易發現日常生活中的小喜悅，大腦會因此開始自動找出好事。

範例）昨天晚上安靜的閱讀時間、和家人一起度過的歡樂時光、健康的身體

範例）朋友借我傘、花草茶很好喝、家人的存在

結果好就好。回顧那一天發生的事或情緒，就能有意識地為日常生活做結尾。寫下感謝的事，便可以帶著正向情緒入睡。

前面介紹了早、午、晚各自建議書寫的內容，不過想在早上感恩，或是在晚

上寫出明天想做的事、想關注的事也沒關係。

全部都可以寫，也可以選擇想寫的寫。

一分鐘短歸短，不過可以在短時間內將意識著重在自己的情緒及狀態上。

書寫冥想Q&A

■ **1. Q：什麼是「書寫冥想」？**

A：書寫冥想是可以連結到自己內心深層，深度理解自我的一種冥想形態。利用文字將情緒、想法、經驗具體化，與自己的內心對話。

■ **2. Q：書寫冥想的目的是什麼？**

A：書寫冥想的目的每個人都不一樣，一般來說是加強理解自我、減輕壓力、整理思緒、發揮創造力等。

■ **3. Q：日記和書寫冥想有什麼不一樣？**

A：日記是寫下那天發生的事；書寫冥想（日記式書寫）則是在一定時間內，完全不停筆地在紙上寫下腦中浮現的東西。就算不是那天發生的事也沒關係。

■ 4. Q：**最適合書寫冥想的時間是幾點？**

A：通常是在一起床或是睡前等一天的開始及結束的時候進行，不過就在你想寫的時候寫吧。最初從一分鐘開始，習慣之後可以試試看一天十五～三十分鐘。

■ 5. Q：**理想的書寫冥想頻率是多久一次？**

A：根據每個人的生活方式及目的而有所不同。培養日常性的書寫習慣，可以得到更深入的洞察及理解能力。不過太用力會持續不下去，所以建議每天做一點就好。

■ 6. Q：**書寫冥想和正念冥想有什麼差別？**

A：正念冥想是把意識放在呼吸及身體感覺上，目標是集中注意力在當下這一刻；而書寫冥想則是用筆進行自我探索，表現情緒和想法。

■ 7. Q：進行書寫冥想時該注意什麼事？

A：不要評價及判斷。要是對寫下的內容進行批判，或責怪自己，會讓這件事變痛苦。書寫冥想是自己與自己對話的時間，書寫時請無條件接納任何想法及情緒，以溫柔的眼光看待自己。

■ 8. Q：書寫冥想是否適合每個人？

A：對，基本上任何人都可以進行。不過如果內心有創傷，建議和專家一起做。

■ 9. Q：打字和手寫比較推薦哪一個？

A：手寫可以讓思緒運作，活化前額葉皮質。我會建議手寫，不過就算是在電腦等設備上打字也有整理想法或情緒的效果。請按照自己的生活方式選擇容易實行的方法。

■ 10. Q：如果寫一寫情緒太激動的話怎麼辦？

A：請先暫時停筆深呼吸，採取可以讓自己平靜的姿勢，例如抱著抱枕或枕頭，有意識地慢慢吐氣。

■ 11. **Q：可以和其他人分享寫在筆記本上的內容嗎？**

A：書寫冥想是非常個人的事，基本上是為了和自己對話而進行。如果要分享，建議只在書寫內容、分享的對象是安全且可信賴的環境中再分享。

■ 12. **Q：進行書寫冥想時，是否應該避免讓思緒分散？**

A：其實有時候讓思緒分散、自由發想，可以產生更深刻的內省或新的發現，不過有些目的或主題則需要集中精神。

■ 13. **Q：一分鐘實在太短了，我可以延長嗎？**

A：當然可以。一分鐘只是建議時間，並不是硬性規定必須在一分鐘結束。寫到欲罷不能時，就盡情地寫完吧。只不過一開始就寫太多可能會後繼無力、無法持續，因此基本上以一分鐘為佳。

關於想要持續書寫冥想

希望大家每天都能實踐第二章介紹的基本三步驟＋回顧。從第三章開始，除了基本部分，請再加入自己需要的部分實行。

如果能加入第三章介紹的內容，可以更進一步克制情緒，或梳理內心和精神層面。

在第四章「療癒自我的『書寫冥想』」中，會介紹特別推薦給感到不安或失去自信、精神層面擺盪更偏負面的人的書寫冥想及思考方式。

第五章會以基本步驟中寫下的想法及情緒為出發點，介紹改善日常行為，或規劃未來的書寫冥想、日記式書寫工作。

再次強調，基本上只要做第二章的步驟就可以了。不要勉強自己，找出適合自己、可以持續下去的書寫冥想方式吧。

第三章

調整精神層面的「書寫冥想」

駕馭情緒的波濤

你無法阻止大浪，但可以學會乘上浪頭。

斯瓦米・薩奇達南達（Swami Satchidananda）

從這一章開始，我要教授調整精神的書寫冥想。首先是關於提升克制自己情緒與共感能力的方法。書寫冥想可以提升「ＥＱ」。ＥＱ是Emotional Intelligence Quotient的簡稱，又被稱作是情緒的智力、「情緒智慧商數」。**記憶並思考事物的能力稱為ＩＱ（思考能力）；而ＥＱ（情感能力）則指稱「可以好好控制情緒，或是感受情緒的能力」**。

ＥＱ越高，越能連結自己的情緒與價值觀，可以自如地運用並組合自己的想法與情緒，選擇恰當的作為。想發揮自己的能力幸福地生活，就有必要提升ＥＱ。

相反地，如果ＥＱ太低就容易做出情緒化反應。

當大腦充滿不安，就可能被不安控制。激烈的情緒會霸占大腦，影響自己的行為及決定，這種時候感受到的情緒甚至有能力改變一個人看待世界的視角。

儘管如此，我們平常很少將注意力放在自己的情緒上，學校教育也幾乎沒有教我們情緒。

根據 Six Seconds Japan 的調查結果，可以得知日本人的ＥＱ平均值在全球一百六十個國家中排名最後一位。另外，被認為與ＥＱ相關的健康水準，和全球相比也位於低水準區域。

當然日本人中也有很多高ＥＱ的人，但與歐美人相比，有內向者較多的傾向，比起直接表達情緒，更容易壓抑情緒。原因有很多，不過很大一部分或許是日本的教育系統將重點擺在學業成績，幾乎沒有機會學習、認識及表達情緒，或學習如何適當的運用情緒。

不過請放心。雖然ＩＱ是先天基因占絕大影響，但ＥＱ並不是天生的才能或特質，每個人都有可能後天增長。就和肌肉訓練一樣，可以透過練習鍛鍊。

而**鍛鍊ＥＱ的方法之一就是「日記式書寫」**。

在莫名情緒低落或是煩躁時，問自己「我現在有什麼感覺？」、「為什麼會出現這樣的情緒？」，或者寫下來，這樣可以提升情緒感受器的敏銳度。此外，閱讀寫下來的用字，可以察覺自己潛在的想法。

Google 公司採用科學方法提升「ＥＱ」，那個方法就是呼吸、觀察身體，以及日記式書寫。

增加ＥＱ的方法～三步驟與情緒好好相處～

以下介紹提升與情緒好好相處的能力的三步驟：

1. 察覺情緒

2. 理解情緒

3. 調整情緒

1.「察覺情緒」

察覺自己情緒的能力，就是在提升EQ時最基本的能力。如果可以察覺自己在無意識間感受到的東西，就不會被情緒或心情牽著走，也能更容易連結到恰當的行為。

本書將透過書寫，增加「察覺情緒的能力」，讓大家意識到，並揭示迄今為止所遺漏的各種情緒。

2.「理解情緒」

這是理解現在出現的情緒的原因，並從而解決的能力。

假設我們在出現憤怒情緒後，想要思考並理解憤怒情緒的根源。如果可以理解浮現的情緒背後的原因或深信不疑的觀念，就不容易再被情緒牽著鼻子走。為什麼會出現這樣的情緒？一定有原因才會湧起這樣的情緒。這股情緒想要告訴你什麼？

這一步重要的是，不要試圖改變你感受到的情緒，而是純粹去理解它。

3.「調整情緒」

察覺到自己的情緒，開始可以理解之後，被情緒帶著走的次數就會慢慢減少。萬一遇到被負面情緒牽著走時，就試著思考：「如果可以重來一次，我想要怎麼應對？」這麼做的好處是，下一次再面臨相同狀況，就不容易被情緒牽著走。

情緒調整能力提升之後，在達成目標的路上，就能把注意力放在可以增加動力的對象或想法上，或是在需要冷靜的場合能讓自己心平氣和，根據不同場合以必要的情緒做出行動。

如果注意力聚焦在事情不好的一面，也能開始把意識轉到好的一面取得平衡。

鍛鍊EQ的日記式書寫作業

日記式書寫作業

1. 寫下你最近經常感受到的情緒，然後圈選出你特別容易隨之起舞的情緒。
2. 寫下為什麼會產生你剛才寫的情緒。

3. 寫下如果下次再有同樣的情況你會怎麼應對，什麼情況是最佳解。

鍛鍊「情緒的字彙能力」

除了剛才介紹的作業，更具效果的是增加情緒的字彙能力（單字）。**知道大量表達情緒的字彙，可以更明快地將自己現在的心情和情緒化成言語，進一步整理內心。**若能將難以解釋的驚慌或不安，用熟悉的字彙化成言語，就會更容易理解。

可是，如果沒有情緒的字彙能力（情緒單字），就沒辦法將情緒化為語言。例如把「壞事、有問題的地方」和「很棒、很了不起的事」都用一句「哇靠」表達，就無法明確識別情緒。如同有聲黑白電視，可以看到模糊影像，但情緒的解析度很低。

藏傳佛教的領袖達賴喇嘛十四世和心理學家保羅．艾克曼共同將人類的情緒分為「快樂」、「悲傷」、「恐懼」、「憤怒」、「厭惡」五大類，共計四十六種情緒。

我們將其各自細分，以字彙表達全部四十六種情緒。

人類的五大情緒（Atlas Of Emotion）

【快樂】狂喜、興奮、驚嘆、子輩成長時的驕傲喜悅（naches）[3]、克服困難挑戰時的快樂（fiero）[4]、驕傲、平穩、安心、幸災樂禍、有趣、同情、喜悅、感官上的歡快

【悲傷】苦惱、哀嘆、悲哀、絕望、悲慘、沮喪、無力、放棄、拒絕思考、挫折、失望

【恐懼】驚駭、恐懼、恐慌、自暴自棄、害怕、不安、緊張、狼狽

【憤怒】激憤、執念、怨恨、爭辯、惱怒、挫折、不滿

【厭惡】強烈厭惡、憎惡、反感、抵制、嫌棄、討厭、不喜歡

你感受到的情緒是哪一種呢？

圈出你常感受到的情緒並記下來。不過裡面也有日本人難以理解的字彙，所以當作一種參考即可。

接下來在該情緒湧起時，察覺並以文字表達。

如果經常出現你已經很熟悉的情緒，也推薦幫它取一個屬於你自己的名字。

如同二〇一五年上映的迪士尼皮克斯電影《腦筋急轉彎》中登場的樂樂、怒怒、厭厭、驚驚和憂憂一樣。

像「厭厭」、「驚驚」、「憂憂」這樣先取好名字，當那個情緒出現時，就用那個名字稱呼它。

如果想要再進一步，就以「巨大厭厭」、「中型驚驚」、「迷你憂憂」這樣的感覺將大小和程度數值化也很好。

比起情緒出現後再思考名字，能夠事先取好名字，叫起來會更容易。覺得快要被情緒淹沒時，就在心中想著「你好啊，厭厭同學」。尤其是激烈的情緒、嚴肅的想法，推薦帶著幽默感，取個會讓你有點想笑的好玩名字。

3 編註：此處採意譯，原文為意第緒語，參考自美國心理學家保羅・艾克曼所提出的每日情緒詞彙。

4 編註：此處採意譯，原文為義大利語，參考自美國心理學家保羅・艾克曼所提出的每日情緒詞彙。

貼標籤法

這種將情緒命名的方式叫做「貼標籤」。貼標籤是察覺情緒的第一步，也是第一章提到的「認同分離」的關鍵。

以下詳細說明。

一般的冥想、書寫冥想的最大目的都是「覺察」。察覺自己在無意識間深信不疑的想法、自我意象、思考模式、內心習慣，這麼做就能整理和處理想法或情緒。

這種狀態稱為「認同分離」。

換句話說，覺察（正念）的意思就是認同分離。

這指的是一種把自己和想法切割開來，客觀地去看自己內心的狀態。你並不是「那個想法本身」，而是以旁觀的視角觀察那個想法。

而**「貼標籤」能幫助我們產生認同分離。**

貼標籤的意思是「標示明顯的記號」。無論透過書寫冥想或非書寫冥想，將在冥想經驗中察覺到的想法或情緒貼上標籤，可以停止自動生成的連鎖想法。

貼標籤能夠客觀地觀察情緒或思緒，幫助提升接受當下的能力，而不是被情緒或思緒帶著跑。

假如出現「我絕不原諒他」的想法時，若替換成「我的想法」跟「不原諒他」，就可以拉開自己與情緒的距離。

有意識地進行貼標籤後，便能客觀看待自己的情緒或想法，深入理解自己。透過貼標籤，情緒或思緒會越來越不常自動產生反應，於是便能更冷靜地應對狀況。

大家盡可能試試看，方法很簡單的。

一分鐘的書寫及貼標籤冥想

思緒是指大腦中的臺詞，是沒有發出聲音的自言自語。思緒與情緒有著密不可分的關係。

試著如實寫下當下湧出的思緒。
持續書寫一分鐘後，為這些思緒簡潔地貼上標籤。舉例如下：

「他那是什麼態度！」＝「憤怒」
「午餐要吃什麼呢？」＝「期待」
「簡報能順利完成嗎？」＝「緊張」

像這種感覺，觀察寫下來的想法，一一貼上標籤。
「過去的回憶」、「對未來的不安」、「反思」、「怪罪自己」等等，只要自己覺得貼切，無論什麼樣的標籤都可以。比起複雜的標籤，建議用簡單又直覺的標籤會更好。
重點在於不要批判。不要給予好或不好的評價或判斷，而是去認識最真實的想法。貼標籤是情緒激昂時的暫停鍵，當心中升起憤怒或不安等強烈情緒時，為情緒貼上標籤可以幫助自己恢復冷靜。
寫好之後，再次觀察自己的內在，看看浮現出什麼情緒或想法。

必要的話，深入挖掘寫下的內容，或是和他人分享，這也可以加深覺察。例如被貼上「憤怒」標籤的事件，為什麼會有那樣的情緒？藉由深入挖掘並寫下其原因、背景便能有所洞察。

使用貼標籤進行的書寫冥想，能讓人客觀看待自己的內在與情緒，幫助自己深入理解內心。定期做貼標籤的書寫冥想，會更容易做到認同分離，也能更明確認識自己的情緒或思考模式。

消除壓力的方法「S・T・O・P」

前面請各位寫下讓情緒起波瀾的事件，以及面對該情緒時的反應，感覺怎麼樣呢？

在書寫不愉快的事或開心的事的過程中，漸漸可以看見自己什麼時候會感到開心，什麼時候會煩躁或消沉。

遇到事情時的反應會自動且慣性地產生。

我們不是有意識地決定「我要產生這樣的心情」、「我要這樣看待這件事」，而是無意識地自動發生。可以說已經成為一種習慣、模式了。

我希望各位特別注意的是，遇到不愉快的事情時產生的壓力反應。

請各位養成一個習慣，當發生不愉快的事時，注意自己自動且慣性發生的壓力反應。

有一種方式，可以停止這種自動思考，那就是「S・T・O・P」。

Stop 停止
Take a breath 深呼吸
Observe 觀察
Proceed 前往下一階段

察覺自己感受到壓力時，就將意識放在內心的暫停鍵上。暫時停止，深呼吸，然後觀察當下的情緒。「我現在因為〇〇事而煩躁呢」、「再怎麼煩躁也無法解決問題，那就前往下一個階段吧」。

像這樣在腦海中說出來。

「O」觀察的訣竅

觀察這個動作乍看之下好像很難，但其實並不難。

關鍵在於暫時停下來，在發生的事（刺激）和反應之間創造斷層。先暫時停止正在做的事或正在想的事，把注意力放在當下身體的感覺、情緒和思緒上。

問自己：「我現在有什麼感覺？」

只是這麼做，內心就會從「自動控制模式」轉換成「觀察模式」。

接著把注意力放到呼吸上，感受呼吸。

呼吸的作用就像船錨一樣，將擺盪不安的心繫在「當下」。

等感受到「當下」的呼吸並平靜下來後，就觀察自己的情緒及感覺。

也許會有憤怒、不安、焦慮等情緒，或心跳得很快、肩膀很緊繃、手心冒汗、胃部沉重等生理反應。

切換到「觀察模式」之後，便能看見處於「自動控制模式」時遺漏掉的東西。

問自己「現在需要什麼？」，然後進到下一階段。

在暫停之後，可能會繼續前進，或做不同的選擇。不管怎麼選擇，都不要只是無意識地做出反應，而是有意識地選擇之後，再前往下一個階段。

若想簡化整個流程，就先暫停，然後深呼吸，意識內心正在發生的事。就這樣。

把寫在紙上的內容，即時地實踐出來。

假設你一有壓力，呼吸就會變短促，然後忍不住到便利商店去買甜食。當你察覺到自己有這種壓力反應時，就試著深呼吸。

光是這麼做就能讓自己多想一下。

從「反射式反應」轉換到「具自主性」的生活方式，關鍵就在於「自覺」。有了「自覺」，在「刺激」和「反應」之間就會產生空間，便能開始選擇與過往不同的「反應」。

第四章

療癒自我的「書寫冥想」

用於療癒自我的「書寫冥想」

本章將以「療癒自我」為題講述。
因為身處的狀況太痛苦，情緒低落得無法自拔、感覺不安得快要崩潰，或是悲傷如大水潰堤的人，請試著將本章介紹的書寫冥想法、日記式書寫，以及思考模式加入日常生活。

你現在感受到的不安或壓力是什麼？
隨著不安越來越沉重，或壓力越來越大，無論是誰，內心都不會再有餘裕，而容易出現負面模式。
在心情不好的時候，寫在筆記本上的文字、自然浮現的過去記憶，還有對未來的想像，就會傾向於負面。
判斷目前狀況、看待事物的角度，都會受到當下心情左右。心情好的時候容易看到事物好的一面，心情不好的時候就容易看到事物不好的一面。

也許有時候當下連書寫或冥想的精神都沒有。

不過這樣的人更應該打開筆記本，動筆寫一分鐘。

如果覺得「最近滿負面的呢」、「快要被不安壓垮了」的時候，如實寫出壓力或不安的原因，以及現在的感受。

只是寫出對什麼事感到壓力或不安，就能減輕壓力和不安。

減輕壓力、不安的訣竅

書寫筆記的方式很簡單。

「我因為『～（原因）』所以覺得『～（壓力反應）』」。

像這樣寫出來。

在紙上傾吐問題（壓力的原因）以及自己面對問題時的情緒，可以將其「視覺化」，並進行整理，在感覺輕鬆的同時也能暫時停止這些情緒。

人生在世免不了有壓力，適度的壓力能為我們的人生帶來充實感，可是過度龐大的壓力、長期壓力，或多種壓力交織時，任誰都會變得負面。

- 配偶（夫、妻）、男女朋友、親人、好友的死
- 自己或家人生病、受傷
- 離婚、配偶、伴侶或孩童暴力
- 太忙導致身心過勞
- 配偶或男女朋友外遇、和男女朋友分手
- 任職的公司破產、失業、被裁員

有些問題我們可以自己想辦法處理，但也有我們無法掌控的問題，甚至是連解決的頭緒都沒有的問題。

也許有人會認為「寫下來又不能解決問題」。即使如此，還是要試著寫寫看。**解決問題並非一切的答案**。在腦中一直想會感覺好像有無限煩惱，但其實只是幾個煩惱在不斷重複而已。

這個狀態就像大腦在表演雜耍一樣，在同一時間進行雜耍的次數越多則越

難，問題也是同樣的道理，若同時有多個問題交織而變得很複雜，就會給大腦帶來負擔。

在腦中不斷煩惱，本身就是痛苦的事。想要終結痛苦，就算只是暫時的，重點在於讓自己輕鬆一點，一步步整理問題。

消除鬱悶的日記式書寫方式

做完前面介紹的自我療癒書寫冥想後，如果還有餘力，就進入稍微更具體的整理問題的階段吧。

這是可以消除鬱悶的日記式書寫方式。總共有三步驟：

步驟一　寫出所有問題
步驟二　分類並標出優先順序
步驟三　理解「問題」，按照「時間序」整理

我們一步一步來看。

步驟一　寫出所有問題

首先寫下腦中的聲音，這和第二章的基本步驟一相同。

光是做到步驟一「寫出來」就有效果了。這時候的重點是如實寫下腦中的聲音，你在意的事寫越多越好，例如：

「我討厭那個主管！心胸太狹隘了。」

「婚友活動不順利。」

等等之類的，總之想到什麼就寫下來。寫好之後，重新看看紙上寫了哪些東西，以客觀的角度看待（光是這樣的動作，就能切斷模糊的不安循環）。

對將來的模糊不安或與金錢方面的糾紛等等，會讓你感到坐立難安，思緒不斷在腦海中打轉的狀態就是壓力。把模糊不清的想法全部寫下來，接著客觀地觀察。採取客觀的角度後，難以名狀的不安或盤旋不斷的想法就會靜下來。

也許這時你會發現，這其實根本不是什麼大問題，或漸漸看出一條克服問題的路。

步驟二　分類並標出優先順序

寫出所有的問題之後就來整理。

- 人際關係的煩惱
- 工作的煩惱
- 對將來的不安
- 對金錢的不安
- 健康問題

諸如此類，先將煩惱大致分類，光是這麼做就會覺得神清氣爽了。用自己的話來分類也沒關係。

接下來，為了解決問題，我們一起試著分類吧。假設這裡人際關係的煩惱可以分成「親子關係不佳」、「和父母關係的煩惱」、「與職場主管之間的煩惱」三種。

我們要先將它們標出優先順序。

「我想要從哪一件開始解決？」

「哪一項是我最想要解決的？」

請向自己提問。

然後一一編號。也許每一個都很想放在一號，不過請跟隨自己的內心，從最想解決的，或最緊急且重要的那一項開始排列優先順序。

我會寫在便條紙上，然後貼在牆上，方便更動順序。

步驟三 理解「問題」，按照「時間序」整理

接著，我們從優先順序第一的煩惱開始整理。

這裡，我們先思考：「問題出在哪裡？」、「該怎麼做才好？」

假設是「和父母關係的煩惱」，先從理解發生了什麼事才導致關係變差開

始。如果情況一言難盡，建議在筆記上寫下事情的經過和狀況，然後思考「該怎麼做才好？」、「希望情況有什麼轉變？」，再來想幾個具體的做法。例如：

- 為惹怒某人道歉
- 耐住性子聽對方的解釋、想法
- 試著拉開一點距離

諸如此類，不管是解決方法或抒發情緒的方式，在實行寫下的內容時，要專注於「當下能做的事」。即使只是步驟一，對於調整精神層面也已經有相當的效果。

接下來，從「時間序×解決」的角度檢視，也就是思考要花多少時間解決。

- **這是可以馬上解決的事嗎？**
- **這是可以在幾天內解決的事嗎？**
- **這是要花大約一年的時間解決的事嗎？**

●這是根本沒辦法解決的事嗎？

像這樣整理下來。

釐清問題與解決方案，知道大概花多久的時間可以解決後，便能阻止不安如滾雪球般增長。

如果沒有要馬上解決問題，就寫下能讓自己抒發情緒的活動來轉換心情。讓自己做一些能夠放鬆、正向樂觀的事。

「根本無法解決的問題」就放下

假如煩惱的問題或壓力來源是「根本無法解決的問題」，那就放手吧。

例如他人、過去、天氣、景氣，這是我們無法改變的。

執著於無法改變的事完全沒有意義，應該將意識的鎂光燈聚焦在自己可以改變的事情上。

那麼，什麼是自己可以改變的事？

就是自己的想法與行為。

改變想法與行為可以減低壓力的程度。另外，在事情的狀況不如自己預期時，可以選擇面對問題的思考方式與行為。

若察覺到有過度壓力或僵固的模式，就先停下動作寫下來。

消除鬱悶的日記式書寫

步驟一：寫出腦中的想法

步驟二：分類並標出優先順序

步驟三：理解「問題」，按照「時間序」整理

「根本無法解決的問題」就立刻放手。

「該怎麼看待這件事」、「該採取什麼樣的作為」。

先暫停一下，可以讓自己選擇要有什麼反應，覆寫新的模式、指令。

這就是正念能幫助減輕壓力的原因。

停止想要改變外在「問題」的念頭，接受內在不愉快的情緒或感覺，安於這個當下，學會放手，幸福就會回來。

當我們接受真實的狀況與自己，便可以再次連結位於內心的平靜與自由。無論如何，越早接受已經發生的事，就能越早獲得內心的平靜與自由。

所以我們要覺察所有浮現的情緒，尤其產生抗拒或是厭惡的心情時，察覺這種情緒更重要。

「模糊的不安」在具體化之後就會慢慢消失

絕大多數的人在強烈不安襲來時，都無法具體掌握不安的真面目，只是感受到樣貌模糊的不安。寫在紙上之後，不安的真面目就會更明確，恐懼與不安也會變得較和緩。模糊不清的東西開始清晰可辨，會讓人覺得「什麼啊，原來我是在怕這個嗎？」，光是這樣內心就會輕鬆很多。

將自己的無意識轉為有意識之後，情緒會更穩定，從而能看見具體的解決方案。

自己討厭什麼、對什麼感到憤怒、害怕什麼？

真正想做的是什麼？有什麼是現在做得到的？

察覺自己真正的情緒並給予理解，內心就會漸漸平靜。

反過來說，無法理解的事物、不是很了解的東西，就會感到恐懼。

這和小孩子害怕妖怪的道理一樣。

害怕妖怪或幽靈是因為不了解、不知道其真面目的關係。

黑暗中的妖怪很可怕，但如果開了燈，暴露出真實樣貌的話，就沒那麼可怕了。靈異現象也是，經過科學說明發生的原因和理由之後，恐懼感就會大幅降低或消失。

再說明白一點，本來以為「有妖怪！」，但仔細一看後發現，其實是人在裡面裝扮的，而且如果是朋友的話，更是一點也不可怕對吧。

像這樣寫出內心的模糊情緒並加以理解的話，恐懼、不安、痛苦就能減輕，並且不容易被那些情緒或想法給牽著鼻子走。

無論是負面情緒或正面情緒，都不要馬上產生「反應」，不要加入評價或判斷，而是好好「觀察」，就能夠清楚了解目標。

沒有時間的人只要做步驟一和步驟二就好。

平復「煩躁、憤怒」的思考方式

「都是他害我心情變成這樣。」

「是他錯了！我絕對是正確的！」

煩躁、憤怒等情緒每個人都有，但如果放任不管，或是任憑增長，對人生來說可不會有什麼好事發生。

煩躁的時候，會將這股情緒發洩在周遭或對方身上，導致關係惡化；或被情緒帶著走而失去原本的自己；或無法冷靜做判斷。

但是，藉由分析憤怒的原因，「我現在感覺到憤怒」、「我為什麼會生氣？」，並且將其寫下來，可以讓理性腦運作，讓自己冷靜下來。覺察引發自己反應的原因、狀況或言語，這樣下次再遇到相同的情境，就能更輕易切換到「觀察模式」。

接下來解說該怎麼做，才能讓如大浪般湧上的煩躁或需求流過。

我將用三個步驟說明面對憤怒的方式。

步驟一　S．T．O．P
步驟二　察覺初級情緒
步驟三　察覺期待

將意識放在這三個步驟，就能控制自己的「憤怒」。

我一步一步說明。

步驟一　S．T．O．P

首先是做第一百零九頁介紹的「S．T．O．P」。簡單來說，就是意識到「我在生氣」，然後停止。

將憤怒等激烈情緒看作是「紅燈停」，然後深呼吸。

煩躁遲遲不消的最大原因，是被湧現的強烈憤怒所困擾，而沒有意識到「我在生氣」。若沒有察覺到憤怒，就無法調整情緒波動，以及位於更前端的思考方式。

不是忽視或壓抑憤怒，也不是假裝沒有在生氣。

意識到「我」內在的「憤怒」，就可以分開「憤怒」與「我」（＝認同分離）。

那該怎麼做才能覺察呢？

了解自己的途徑就是呼吸和身體感覺。肉眼雖然看不見內心，但心理與身體是互相連結的。另外，就像「息」字寫成「自」己的內「心」一樣，呼吸與心理也是相連在一起。

我們在生氣的時候，血液會集中到大腦，脖子和肩膀會變得緊繃，交感神經處於主導地位，心跳變快，呼吸粗淺且短促。

如果這時能即時察覺，就能在憤怒還小的階段處理。

若是這時沒有察覺，小怒意就會變成巨大的怒氣，然後如同滾雪球般膨脹成恨意。

假如平常有練習覺察呼吸與身體感覺，即使面對突發狀況、一把火上來，也能比較容易察覺身體與呼吸的變化。

觀察的順序為「感覺」↓「情緒」↓「想法」。

首先想像自己在做全身掃描，感受憤怒帶來的身體感覺。像是變快的心跳、眉頭皺了起來、呼吸變淺、肩頸緊繃等等，把注意力放在身體哪個區塊有什麼感覺，也可以幫那個感覺命名，或和它對話。

觀察「憤怒」的重點在於不要把「憤怒」和「自己」同化，而是保持適當距離看照。一旦將「憤怒」與「自己」同化，就會被情緒帶走，無法進行觀察或放下。但如果可以像「我的心中湧起了憤怒」、「我感覺到內心的憤怒」，保持適當的距離（觀察者視角），就比較容易放下憤怒。

面對自動出現的想法也是一樣。將冒出來的內容貼上標籤「〇〇，我是這麼想的」。

「這個王八蛋」……我是這麼想的。

「完蛋了！」……我是這麼想的。
「給我差不多一點！」……我是這麼想的。

用這種方式來看，面對引起「憤怒」的事情時，就可以將引起「憤怒」的原因，分成「賦予意義（反射性思考）」以及「自己」。

就算浮現負面文字或暴力想法也沒關係。

我們無法制止自然浮現的想法與情緒，重要的是察覺這種想法。用什麼態度面對、如何應對浮現的想法或情緒才是重點。

面對憤怒的關鍵，在於不要否定「憤怒的自己」。「我不可以生氣」、「我不應該生氣」，越想壓抑怒氣，越會被怒氣掌控，而無法停止憤怒的連鎖效應。

察覺到憤怒之後，只要理解並原諒就好。

若覺得不可原諒，就試著在心中默念「我不小心生氣了呢」、「我原諒自己」。

正念會培養接納「憤怒」、「悲傷」、「失望」等情緒的心理能力，用如同藍天般寬廣的心胸觀察自然浮現的想法或情緒，就像在遠眺天上流動的雲。

做到「S・T・O・P」之後，就進到步驟二或步驟三。

步驟二 察覺初級情緒

「為什麼會覺得煩躁呢？」在專心傾聽身體聲音的同時，試著和自己對話。

察覺內在的煩躁、鬱悶或憤怒的根本原因，透過洞察大幅降低煩躁模式。

在心理學的世界，憤怒被稱為「次級情緒」。當我們遇到不開心的事，或是受到刺激時，馬上就會理智斷裂，覺得自己在生氣，但事實上，憤怒的背後還隱藏著「初級情緒」。

例如另一半的媽媽多管閒事、碎碎念時。

「煩死了，妳也稍微控制一點好不好！」

也許你會感到怒氣上湧，但如果再仔細往內看，背後也許隱藏著自己被罵了的「悲傷」、「恐懼」、「悲慘」，或自己沒能被尊重的「不甘」、「受傷」、「失望」等「初級情緒」。

又或者裡面包含了「拜託妳別管我」、「希望妳明白、希望妳理解」等需求或對對方的期待。

憤怒說穿了是保護內心的行為。

探究憤怒本身只會越來越煩躁，所以在面對憤怒時，要將焦點放在它背後的初級情緒或隱藏的需求。

你現在煩躁、憤怒背後的情緒是什麼呢？

在筆記本上寫下「其實我希望對方怎麼做」。

像以無條件的愛包容哭泣孩子的母親般溫柔的眼神，慢慢看見你自己。

只要理解隱藏在憤怒背後的心情、真心話，或是需求、偏頗的想法，自動駕駛型的模式就會漸漸改變。

一旦內心失去了從容，就容易煩躁。壓抑需求或情緒，累積壓力或初級情緒，憤怒就會外溢而容易爆炸燃燒。

當感到煩躁或內心沒有餘裕時，不要勉強，空出只屬於自己的時間，將自己擺在第一位。從該扮演的角色、該做的事情中分割出自己一個人獨處、好好凝視自己心情的時刻，對內心的平靜安穩來說非常必要。

看出自己憤怒的模式或契機後，可以先決定好「憤怒浮現時的應對方式」。感到焦躁，平常的模式開始自動運作，就快要爆炸怒吼的時候，不妨躲到廁所去，或到陽臺去深呼吸。像這樣先決定好「憤怒＝一個人深呼吸」也是很有效的方法。

步驟三　察覺期待

憤怒的前提是有「期待」。

光是察覺「自己在期待什麼」，就能夠減輕憤怒或煩躁。

尤其是對親近的人感到憤怒時，這個步驟很有效。

很多人對初次見面的人不會這樣，可是面對親近的人就會感到有壓力或容易情緒化。

像有些平常冷靜的人，不知道為什麼面對老公、老婆、孩子或父母就會變得很煩躁，我想大家應該都有經驗。

這種期待也可以用依賴來形容。

我們沒辦法期待或依賴初次見面的陌生人，但我們對親近的人有所依賴或期待，所以會覺得「為什麼你無法理解」、「為什麼你不願為我做」而感到煩躁，這類模式占多數。

當對方背叛你期待他扮演的角色，人就會開始煩躁。

你對那個角色的期待越大，「失望」或「煩躁」也會越強烈。

要是對對方的期待或需求太過強烈，總想著「我希望你多這麼做一點啊」，就會經歷慾望不滿足的憤怒。這種時候請思考：「我究竟期待對方什麼？」

光是察覺自己對對方有什麼期待，憤怒就會比較平緩。

佛教中的苦「dukkha」[5]有著「不能順心如意」的意思。當你放下希望對方如自己意的想法，接受真實的對方，就可以從「不能順心如意」的慾望、不滿足的壓力或痛苦中獲得解脫。

不過如果想建立長期的良好關係，比起一味地壓抑自己的心情，不如好好表達出來更重要。

建議大家覺得關係不順利的時候，寫下「我對對方有什麼期待」、「該怎麼樣才能滿足彼此的需求」，然後和對方好好溝通。

5譯註：巴利語。

情緒低落時的日記式書寫

相反地，如果不是煩躁而是情緒低落時該怎麼辦呢？

不論對自己多有自信，或精神層面看起來多堅強的人，只要累積了疲勞，或是反覆失敗，總會有忍不住低落的時候。也有些人即使身邊的人再怎麼鼓勵，還是會對自己感到失望，或責怪自己。我在情緒低落的時候，也是受到了日記式書寫的幫助。

精神不穩定、責怪自己、喪失自信或有氣無力時，會讓你無法發揮原有的能力。因為你已經失去思考能力或行動力，再糟一點則是做什麼事都提不起勁，不安越累積越龐大。即使是有自信時做起來一點也不難的事，一旦開始懷疑自己就很難成功。

我覺得喪失自信是人生中最大的損失。

不過別擔心，這時候只要進行書寫冥想，就可以恢復自信，提升精神強韌度，幫助你向前看。

失敗時的日記式書寫三步驟

■步驟一　確認自己是否產生「扭曲的想法」

心理學家馬汀．塞利格曼研究人在遇到失敗或挫折時會有什麼反應，並發現有三個「P」會妨礙人們從苦難中重新振作。

- **個人化（personalization）：相信是自己的錯**
- **普遍化（pervasiveness）：認為某件事會影響整個人生**
- **永久化（permanence）：認為某件事的餘波會持續到永遠**

覺得「只有」自己不好，認為自己「每次」都這樣，認定這種事「會一直發生」的話，無論花多少時間都無法重新振作。

我也曾經因為在某個領域有過失落經驗，結果對其他領域的能力也突然失去自信（普遍化），然後覺得這種情況會一直持續下去（永久化）。

心情低落的時候，就確認自己是否產生了「扭曲的想法」。悲劇並不單純是你的原因所造成。不論犯下什麼過錯，都很少真的是你一個人的責任。

而且不會遍及整個人生。

也不會持續到永遠。

當然也不會真的完全消失，只不過人的情緒就是來了又走，不曾在原地停留，所以一開始的強烈痛苦會漸漸變得緩和。

■步驟二　改變視角

改變看待事物的框架（frame），從不同的視角重新看待。

例如：「我覺得『我的人生完了』，不過真的是這樣嗎？」，重點在於不從自己的視角，而是重新以不同的立場問自己：「真的是這樣嗎？」

改變視角最簡單易懂的，就是從相反的角度看過來。覺得負面消沉時，就尋找正向的那面來平衡一下。

「從這件事我可以學到什麼？」

「透過這件事，我可以成長到什麼地步？」

「克服了這件事的我，可以為世界帶來什麼貢獻？」

如此種種，賦予不同的意義，就可以變得樂觀正向。接著告訴自己：

「我現在很沮喪，可是從人生整體來看，這不是多嚴重的失敗。」

「不要責怪自己或別人，把注意力放在現在可以做什麼。」

「從失敗或挫折中學到的經驗會是一輩子的資產。」

「我就把這個經驗當作是成長的機會，加以感謝，好好運用在往後的人生吧。」

「我有能力從這裡開拓出最棒的人生，所以別擔心。」

再舉一些切換視角的案例。

- **以未來的角度，看看現在的自己**
- **思考如果三年後的自己就在那裡，會和他談什麼**
- **同理對方的心情，思考自己如果是他的立場會有什麼感受**

換個時間點，把自己想成是已經克服這個問題的你，再來看現狀。改變視角，從他人或不同時間點的角度，可以讓思考變得更有彈性。

■ 步驟三　多同理自己

這是步驟二「改變視角」的變化版。

情緒低落時最重要的就是視角，就像好友對待你一樣，同理自己，給自己一個溫柔的微笑。

「心靈就像花園，可以栽種同理與愛的種子，也可以栽種恐懼與怨恨的種子，你要種哪一種種子呢？」（佛陀的小型說明書）。

這是佛學家傑克．康菲爾德的名言。

要多注意「自我批判」、「怪罪他人」、「貶低自己」等負面的自我對話，這些言語會在不知不覺間洗腦自己，導致自我意象變差。

話雖如此，也不需要否定負面想法，勉強覆誦正向言語。有研究表明，低自我肯定感的人如果反覆說著「我最棒」、「我很有魅力」等肯定句，反而會讓自我肯定感降低。

這是因為內心明明不這麼想，卻說這些話，成了在對自己撒謊。

那麼該怎麼做才好呢？

答案是**自我關懷**。

自我關懷是給予「自我」（自己）的「關懷」（同理、慈悲）所組成的詞，由德州大學的克莉絲汀．聶夫副教授提倡的概念。

這是一種把給心愛的人、重要的人的同理心也給予自己的想法。

失敗的時候，若有意識地進行自我關懷，便能理解自己的痛苦或缺點，並給予自己同理。

舉例來說，請在不會太勉強的範圍內，回想自己過去的重大失敗中，有過什麼後悔。然後想像有另一個自己，帶著同理與理解向後悔的自己說話。

那麼，你會說出什麼話？

「沒救了，毀了」、「都是你能力太差才會這樣」、「你這沒用的傢伙，沒有活著的意義」，你應該不會說出這樣的話吧。

如果是你重要的人感到痛苦，你會說出什麼話呢？

就像在鼓勵心愛的人、朋友，甚至處境困難的人，給自己一些溫柔滿溢的話語吧。

「你已經很努力了。」

「一起找出不差的部分吧。」
「人生總有遇到困難的時候。」
「我可是很重視我自己的喔。」

如果察覺到責怪自己的聲音，那就加以反駁、保護自己吧，像是「才沒這回事」。

反駁那些責怪的聲音，用充滿溫柔的「慈愛言語」跟自己說話吧。

培養自我關懷的習慣

1. 提醒紙條

首先是使用提醒紙條的方法。找出一些如剛才介紹的，在困難或感到挑戰時鼓勵自己的言語或句子，然後放在醒目的地方當作備忘錄或壁紙。因為中長期看著那些句子，所以每次心情低落時就能提醒和鼓勵自己，是一種很有效的方法。

2. 抱著自己說說話

第二種方式是，當你覺得痛苦時，就將雙手放在胸前，給自己溫柔、療癒自己，這叫做安撫手勢。也可以抱抱自己，或為自己按摩。溫柔撫觸自己的身體會分泌名為催產素的荷爾蒙，緩和不安或恐懼感。

3. 同理冥想

可以的話在心中默念「慈悲冥想」中使用的句子。張著眼睛就可以了，所以放輕鬆默念吧。

祝我幸福
祝我的煩惱或痛苦消失
祝我的夢想或願望成真
祝我幸福

祝我重視的人們幸福

祝我重視的人們煩惱或痛苦消失
祝我重視的人們夢想或願望成真
祝我重視的人們幸福

祝世界上的所有人幸福
祝世界上的所有人煩惱或痛苦消失
祝世界上的所有人夢想或願望成真
祝世界上的所有人幸福

有意識地自我關懷，可以療癒自我並提升韌性。遭遇失敗的時候，請同理自己。

發現價值

從最糟糕的情況中重新振作的方法

接下來我要介紹在痛苦的時刻，對我很有幫助的書寫冥想。

那就是發現價值。

發現價值是指在困難或逆境中也能察覺價值（獲得的益處或正向的變化）的日記式書寫作業。

假設我們現在遇到了困難或逆境，一起試著寫出隱藏在其中的「價值」吧。或是回顧過往，如果還有至今無法接受的經驗，那就寫出隱藏在其中的「價值」。

方法很簡單，就是對你負面看待的那件事，提出「我之前這麼想，但這是真的嗎？」的疑問。然後寫出「因為有這個經驗，所以……」、「多虧發生那件事，所以……」等正向的一面。

- 離婚之後的好處是？
- 因為生病或意外我得到了？
- 因為工作失敗所以我學到？
- 在照顧失智症的家人時有哪些可以感恩的事？
- 父親（母親）的個性有哪些優點？

諸如此類，去看「我本來覺得事情糟透了，但那真的是壞事嗎？難道沒有好的一面嗎？」

「那個經驗有其意義」、「因為有當時的經驗我才有今天」，慢慢發掘出隱藏在痛苦背後的意義或價值。

對自動生成的「看法」，提出「沒有其他思考方式了嗎？」的疑問，可以顛覆悲觀的僵固觀念，讓思考更有彈性。人在煩惱的時候，處於視角很低、視野狹窄的狀態，所以拉高視角，打開視野之後，一定會察覺正向的益處。

事實上，任何事都沒有所謂好壞。在我們內心戴著有色眼鏡、覆蓋上解讀或判斷的色彩之前，其實都是中立的。

即便在先入為主的觀念下，乍看覺得是負面或不好的事，也一定有從這件事情中獲得的好處或是正向的一面。請將意識之光照在不開心的事或自己的陰影上以取得平衡。

只不過有時候痛苦的事才剛發生，就想看向正向的一面，反而會讓自己更痛苦。強迫正在低潮的人發現價值，有時候反而會有反效果。請等到情緒獲得某種程度的平靜之後，再對自己這麼做。

感恩的書寫冥想

不是沒有值得感恩的事。
只是沒有察覺到值得感恩的事而已。

若想成為好命的主角，就在心中常保感恩與歡喜之情。
充滿感恩與歡喜的言語及好意，會在人生的花園中結出良善的幸福果實。

中村天風

這是被稱為日本第一位瑜伽修行者的中村天風先生說的話。

只是沒有察覺到值得感恩的事而已。
我認為說得真是太好了。

我們日日夜夜都會受到壓力、不安或身心健康問題的困擾。原因或許在於我們無意識的思考，比起「擁有」的東西，更容易將目光放在「沒有」的東西上。

即使得到想要的東西，內心也馬上就習慣了。就算買了高級車，沒過幾年，我們也會覺得已經「擁有」的東西是「理所當然」，於是注意力再次聚焦於「沒有」的東西，而不是「擁有」的東西。

再怎麼有福分，只知道看著不足的人，很容易會覺得自己不幸。

就算努力想填補不滿或不足感，只要內在是飢渴的，就很難滿足。所以需要透過感恩的冥想提高察覺幸福的能力，滿足內在，讓自己得到平衡。

人不會在「感恩」的同時又覺得不幸。「感恩」的時候，人可以感受到幸福。

感恩會讓人幸福。不是因為幸福所以感恩，而是感恩才會感受到幸福。

關於感恩，還有這樣的腦科學研究。

加州大學的羅伯特・埃蒙斯教授等人，做了研究調查感恩與幸福之間有什麼關係。從結果得知，每天感恩可以期待如下效果：

● 減少壓力

- 減少孤獨或分離感
- 強化免疫系統
- 增加喜悅、樂觀、幸福感
- 內心開始有餘裕，變得寬容大度
- 容易建立豐富的人際關係

根據腦科學的解釋，人在感恩的時候會分泌催產素和血清素，所以才會產生這些心理與生理的變化。

簡單來說，有意識地感恩更容易帶來幸福感，心理、身體、人際關係也會變好。

如果從靈性層次來看，據說感恩的頻率最高，可以吸引更多的幸福。在身體力行感恩後，我的人生也漸漸好轉，好到我都想讚嘆祝賀自己的人生了。不僅如此，還開始能夠察覺更多的幸福。

感恩的書寫冥想作業

接下來是實踐方式。

現在的你感恩什麼事呢？

寫下三件你感恩的事。

家人、朋友、照顧過你的人，或是已經去世的人也沒關係。

寫下你想感恩的人。

夫妻伴侶、孩子、父母、兄弟姊妹、親戚、朋友、客戶、商業夥伴，又或者是只在旅行時見過一次面的人。

在筆記本上寫下「名字＋謝謝」。

另外，就算不是人物，物品或情況也可以。

例如有家可歸、有食物可吃、現在正在呼吸、可以做這個冥想等等，就算是平常覺得天經地義的事也很好。

在心中寫下想要感恩的人事物。當你「感恩」他人時，你會察覺自己是因為父母、家人或許多人才能活在這個世界上。

如果無法想像如何感恩，就從以下三樣去聯想。

- 感恩擁有的東西（having）
- 感恩別人為自己做的事（doing）
- 感恩存在本身（being）

分成這三類，想到什麼就寫在紙上。

就算是以下例子也很好。

- 出生在和平的日本
- 在有屋頂的地方睡覺
- 有工作，過著像樣的生活

- 四肢健全、身體健康地呼吸著
- 自己做過的事、別人為自己做過的事
- 目前的狀況、已經獲得的東西

把意識之光照在平常覺得理所當然的事情上，對這些事心存感恩。寫下來之後，用全身去感受感恩之情。也許你會感受到溫暖或舒暢的漣漪，有時甚至會流下眼淚。

萬一真的怎麼樣都沒辦法感恩，那就想像失去後的情況。如果心愛的人生病去世了……如果發生意外導致半身不遂……如果房子因為地震倒塌了……

這些疾病、意外、災害不知道什麼時候會以什麼形式發生。

知道有人即使經濟困頓、衛生條件不佳或環境嚴苛依然充滿精神、堅強地活著，就能深切感受到自己有多麼幸運。

最後，請向就在身邊的家人或朋友表達你的感恩。

「○○，謝謝你和我在一起。」

「○○，謝謝你和我一起做～」

類似這樣，表達你感謝對方的陪伴或他的存在本身。也許會覺得有些害羞，不過感恩會對幸福產生直接影響。

也很建議寫感謝信。

不管是信或是ＬＩＮＥ的表情符號都可以。傳達你的感謝，無論是傳達的一方或是收到的一方心情都會很好。

有研究顯示，比起收到感謝的那方，表達感謝的那方得到的效果更好。將表達感謝當成是習慣，不但人際關係會變好，身心也會更完整而越來越幸福。

放下被困在過去的自己

在此說個簡單明瞭的故事，關於「放下對過去的執著」這個主題。這是個無法放下過去的禪僧的故事。

大約在江戶幕府末期，名為擔山的禪僧和他的朋友博學的僧人遊歷四方的故事。

兩人走在豪雨之後泥濘的鄉下道路。

來到村莊附近時，有一位年輕貌美的小姑娘站在路邊動彈不得。

她似乎是想穿越馬路，可是積水太深，很可能會弄髒衣服。

擔山馬上抱起小姑娘涉水而過。

同行的僧人在一旁皺眉緊盯這一幕。

修行之身禁止女色，別說不能看女人了，抱著女人的行為更是禁忌。之後

兩名僧侶繼續往前走。

過了大約五個小時後，正當他們看見當晚借宿的寺廟時。

該名朋友終於忍不住了，他向擔山抱怨：

「你為什麼要抱起那位姑娘涉水而過呢？僧侶不應該做出那種事情。」

他一說完，擔山笑著回答：

「原來你還抱著那位女子呀？」

「我早就放下了，明明才一小段時間而已。」

這是一個知名的禪宗故事，也許你已經聽過了。

那位禪僧友人一直非常在意擔山抱起小姑娘的事。

他不斷想著：「身為禪僧，不應該做出那種事！」在他們步行的幾個小時裡，腦中持續回想；而擔山則笑著指出他「原來還（在心中）抱著那位女子呀」。

我們苦惱的來源，就在於被困在過去。

「那時候對方那樣說我」、「事情應該是這樣的，結果卻不是」。

這是將別人只說過一次的話或做過的事，在腦中無限地回想反芻，不斷重播痛苦。

若只是那個當下憤怒不會有什麼問題，可是如果因為這樣反覆回想，導致怒火越燒越烈，「微小的煩躁」就會升級成「怨恨」了。

反芻會讓微小的情緒像滾雪球一樣變得越來越龐大。

不斷回想起過去的負面事件、不停煩惱的思考方式，稱為「思考的漩渦（反芻思考）」。

「思考的漩渦」也分成兩類：想要拿到未來運用的正向類型；以及責怪自己或他人的類型。如果是後者的思考漩渦類型，就是憂鬱症或焦慮症等疾病的起因。

就像那位禪僧友人，一旦被困在對錯或「應該」的想法中，就會不斷批判他人或自己。

「那是怎麼回事？」

「僧侶一般不會那樣做吧。」

「戒律要求不得觸碰女性，那種情況下不應該去抱她！」

要是這種「應該的想法」或「思考的漩渦」太強烈，就會很痛苦。

在腦海中持續批判他人或狀況，不斷想著老早就結束的事，會讓內心逐漸筋疲力盡。結果會不再有精神也不再開朗，最後對任何事都提不起勁，覺得自己什麼事都做不了，也不知道自己想做什麼。

那麼該怎麼做才能改變無意識的模式或慣性呢？

答案就是日記式書寫。

寫下自己的情緒或想法，將自己的狀態、情緒、想法的慣性視覺化之後，便能抑制負面的思考漩渦。養成在想法負面時書寫的習慣，就可以即時把「應該的想法」、「事後回想的憤怒」、「反芻」貼上標籤。

不需要否定負面的自己，或強迫自己正面思考。不要忽視、否定情緒或想法，也不要和它們同化，拉開適當的距離，看到事物原本的樣貌，負面模式自然就會慢慢減少。

冥想也是「業的淨化」

冥想又被稱為「心靈的清淨之道（業的淨化）」。

透過即時觀察成為痛苦根源的思考習慣，這些負面習慣、模式（業）就會改變。

察覺後悔會讓心情變差，後悔的慣性就會慢慢減少。

持續冥想，可以培養出這樣的內心：

- 將已經發生的事放水流，不受束縛、自由且清明的心
- 接受無法改變的事，聚焦在「當下」可以做的事上

然後，如果進階到看著自己的思緒就像在看飄於河中的葉子，便很難再採取感受到過度壓力時的應對方式（反射性思考）。

例如，當別人已讀不回時，馬上想到「我被討厭了？」、「他一定是在氣那件事。對了，還有那時候……」的話，就會陷入不安。

這種時候，就用「我是這麼想，但這是真的嗎？」的問句，來懷疑造成不安的解讀方式。

覺察，可以讓你區分「事實」與「解讀」。

事實就只有「對方已經看了，但是沒有回覆」。

除此之外，都不過是自己的解讀罷了。

對方為什麼沒有回覆，我們不知道。

我們並沒有直接確認過他的感受。

如果採用這個解讀會讓自己痛苦，那就不要再繼續想下去了。

使用類似的方式就可以事先防範自己因為胡思亂想而不安或怒火越演越烈。

區分事實與解讀，在察覺到會讓自己痛苦的解讀時，要警覺性地確認；「我是這麼想，但這是真的嗎？」

第五章

改變未來行動的「書寫冥想」

用於自我教練的「書寫冥想」

前面的書寫冥想、日記式書寫主要都是寫下問題或煩惱，在本章中，則會聚焦在未來，開始寫下行動計畫，設定或實現目標。

就這層意義而言，可說是「自我教練型的書寫冥想」。

這一章會和一般的冥想有很大的不同。一般的冥想並不會考慮到「將來的理想」或「想得到什麼成果」。一般的冥想是在練習如何從「我做模式」切換到「我在模式」。

前一章中，我介紹了類似自我諮商的書寫冥想。若要說明兩者之間的目的有何不同，那就是諮商是在處理不安或痛苦等負面狀態，主要目的是內心的安定與解決問題。

另一方面，教練的目的是達成目標，處理的是理想或夢想等正面狀態。在達成目標的過程中，需要可以改變現狀的能量。

如果思考目標的能量過低，有時候連思考目標或理想的狀態都會感到痛苦。

以恐懼、不安、自卑感為動力來源而過度努力的人，一旦太勉強自己，就會把自己燃燒殆盡，這種時候只要練習最後一章的什麼都不做，便能夠恢復平衡。

梳理現在與未來的作業

想要改變現狀的人，或想要進一步成長的人，應該很適合本章要介紹的自我教練式做法。我會介紹幾種作業方式，推薦給想要明確找出自己想做的事和目標，或想打造正向精神層面的人。

一起畫出令人興奮的未來藍圖，增加前進的動力，然後打造行動計畫吧。

事不宜遲，我馬上介紹兩種推薦的日記式書寫作業。

■一分鐘作業　梳理現在與未來的日記式書寫

「你認為的最佳狀態是什麼樣子？」

想像最佳狀態的自己，然後寫下來。

你理想中的心理狀態、生理狀態是什麼樣子？

你希望自己是什麼樣的人？什麼樣的個性，有什麼特徵？

你是怎麼看自己的？

明確描繪出自己理想的未來樣貌。工作、興趣、人際關係、家庭、金錢、學習、環境等等，可以分成細項書寫。另外，每一次書寫的內容或理想都不一樣，想要用插畫表達都很ＯＫ。

然後是「作業２」，問自己以下的問題。

「理想的自己搭乘時光機回來，給現在的自己一句話」。

這個問題也花一分鐘寫下來。

重點在於使用過去時態寫下建議。

「起碼要做到這點」或「幸好你沒有做那件事」，想像自己是已經實現理想的未來的自己，寫下最好從現在開始養成的習慣。

如果沒辦法想像理想的未來的自己，那麼想像成自己認為理想的人、歷史上的人物等你覺得尊敬的人也沒關係。

在進行這個作業時，會漸漸看到最好養成（或最好戒掉）的習慣。如果還有時間，就寫下你遇過最困難的狀況，或是你已經克服的最大障礙。

日記式書寫幫你找到想做的事

■一分鐘作業　讓你發現想做什麼的日記式書寫

你真正想做、真正追求的是什麼呢？

問自己這個問題，想到什麼就寫下什麼，這樣就會慢慢出現自己對什麼有興趣，或想要有什麼體驗。在書寫過程中也會看到什麼事會讓自己感到期待或開心，然後，你就會看出隱身在背後的價值觀。

自由且誠實地寫下你想到的心願，越多越好。請注意這裡的書寫比起質更重視量。

重要的是在書寫時放下「做不到」、「不可能」的限制。

不需要去想「這種事怎麼可能做得到！」、「一點也不現實」這些事。這只不過是書寫冥想的作業而已。

一旦有了限制，這個作業就失去意義了。書寫時不要想現實中是否做得到。

工作、金錢、健康、人際關係、讀書、興趣等等，即使是微不足道的事也沒關係，不要想太多寫下去就是了。

一開始可能會寫得不太順利，不過在寫出真實想法之前，就當作是一種復健，每天都寫寫看。寫同樣的事也沒關係，寫過好幾次後就會越來越精練。

寫出目標或想做的事後，自然就會開始有「意識」。這就是重要之處了，有了「意識」，大腦會自動開始搜尋需要的資訊。

你意識到的事物、價值觀契合的事物，與這些越有關的資訊會自動流向自己。所以，試著想到什麼就寫什麼。

分類需求

圈出相似的需求，找出之間的共同點。

這裡介紹著名心理學家亞伯拉罕・馬斯洛提出的「需求理論金字塔」作為分

類的參考。

- **生理需求：維持生命相關的需求，也是最原始的需求**
- **安全需求：追求安全的環境、希望生活穩定的需求**
- **愛與歸屬需求：希望與他人有連結的需求**
- **尊重需求：受到他人認同的需求，或想要滿足自尊心的需求**
- **自我實現需求：想要追求自我的需求**

你最追求或最缺乏的是哪一種需求呢？

將需求分類後，就可以察覺自己應該滿足的需求是哪一項，像是「原來我想要滿足愛與歸屬需求」、「原來我希望在工作上拿出成果獲得認可」等等。這麼一來，就比較容易訂立滿足該需求的具體計畫了。

想不出來時該做的清單

當你想不出來，或是不知道自己想做什麼時，就想想下面的問題。

■問題一　「你一直很有興趣的事、你現在覺得有點感興趣的事為何？」

寫下你現在有興趣的事。

■問題二　「你曾經熱中的事、小時候很想嘗試的事為何？」

寫下興奮或雀躍的時刻，如果曾被讚美或曾做出成果也寫下來。將自己具備的技能、強項或喜歡的事做成清單。

■問題三　「如果沒有任何限制，你會怎麼度過理想的一天？」

「如果有十億日圓我想做什麼？」、「如果不會失敗，我想挑戰什麼？」向自己提問，寫下理想的一天。

■問題四　「尊敬的人或崇拜的人物會怎麼做？他們擁有什麼樣的價值觀？」

寫下你理想中的人物做了哪些事？擁有什麼樣的價值觀？

■問題五　「為什麼不試試看翻轉不想做的事呢？」

列出不想做的、想逃避的事情清單，有時候翻轉這些事後，會看到想做的事的線索。

怎麼樣呢？感覺哪裡不對勁，或不知道想做什麼時，也是一個深入探索自己的絕佳機會。

重點在於理解「打從心底追求的東西」。看著寫下來的內容，一項一項確認心願的渴望程度，或是能夠帶來多大的動力。

如果是「非做……不可」（=have to），那就不得不努力，但如果是「想做……」（=want to），即使不用努力也會自然而然去做。

知道自己打從心底追求的東西後，就會開始蠢蠢欲動。和內在浮現的最深沉願望有連結，會催生出意志和決心，進而改變習慣，人生也會開始轉變。

能夠讓你最沉浸其中的事是什麼？

試著寫寫看，然後以你寫下的清單為藍本，想像將來實現的樣子。

這時候不要只是單純想像，而是描繪出細節，例如實現之後自己有什麼感覺、周遭的人會如何祝福。

改變未來的「書寫冥想」

不只是關注自己的內在、過去發生的事，或現在的思考模式，也將注意力放在未來吧。

這是極具教練性質，簡單卻非常有效果的日記式書寫。是按部就班寫下自己將來想達成的目標或願景的作業。

用於達成目標的日記式書寫作業

步驟一　想要達成的目標是什麼？
步驟二　達成目標的過程中有哪些障礙、課題？
步驟三　達成目標的過程中需要做到哪些事？

■ **步驟一　想要達成的目標是什麼？**

寫下想要達成的具體目標。請具體寫出該目標。

■步驟二　達成目標的過程中有哪些障礙、課題？

寫下達成目標的過程中有哪些障礙或課題。這個步驟很重要，這時多少會有些現實或悲觀的想法。事先假設將來會遇到的障礙，預先擬定遇到障礙時克服障礙的方法。

■步驟三　達成目標的過程中需要做到哪些事？

寫下達成目標的過程中需要做的事。寫好之後依照先後順序訂立計畫。深入挖掘「第一步是什麼？」、「每天該做的習慣、行為是什麼？」並做整理。

明確訂出為了達成目標所需的步驟以及行動計畫後，剩下的就是實際付諸行動。接著，請記錄做了之後才發現的缺漏，或是已經達成的部分，按照需求調整計畫。

增加未來選項的想像訓練

在思考計畫時，重要的是悲觀與樂觀的平衡。

這裡介紹創立京瓷、KDDI，並重整日本航空的稻盛和夫先生說過的一段話。

> 想要成功做到一件事，首先抱著「我想要這樣」的夢想與希望，設定超級樂觀的目標比任何事都重要。要相信上天給了我們無限的可能，告訴自己「一定辦得到」，為自己加油打氣。但是，到了計畫階段，則必須以「不管怎麼做我都要堅持到最後」的堅強意志，悲觀地重新審視構想，假設可能發生的一切問題，慎重地絞盡腦汁思考應對方案。到了實行階段，則要帶著「一定會成功」的自信，樂觀開朗、抬頭挺胸地去實行。

一開始樂觀地做夢並付諸行動非常重要，但如果把事情看得太簡單，覺得「目標輕鬆就能達成」，那就會粗心大意，疏於努力與準備而容易招致失敗。「成功並不簡單，必須做到最完善的努力」的想法，以及悲觀地想像「萬一事情變成這樣怎麼辦」、「要是又發生……該怎麼應對」都很重要。

這是因為這種想法會讓我們預測課題與問題，從而做好必要的準備與努力，因此提高了成功的機率。所以要假設事情不順利、遇到障礙的狀況再去擬定計畫。

- 如果事情不如預期，就採取「A計畫」。
- 如果「A計畫」不順利，就採取「B計畫」。
- 如果「B計畫」不順利，就採取「C計畫」。

除了這種整體計畫，若能先預測達成目標的過程中會遇到的各種障礙，並決定好對策，就可以更順利地進行，即使中間發生困難，也能夠好好應對。

梳理不安改善行為的日記式書寫

只是列出不安就能消除壓力的原因

適度的不安或壓力能夠讓人成長。

泡在溫水裡、窩在舒服的地方不會讓人成長。給人安心感、待起來很舒服的地方在心理學上稱作舒適圈。

為了成長，離開舒適圈，挑戰有點可怕、有點不安或壓力的事非常重要。

只是過度的不安和壓力太痛苦了。超過容許範圍的壓力、超過極限的負荷，很有可能引發挫折或疾病而擊潰一個人。

遇到不好的事，想到「會不會又發生同樣的狀況」，萬一被不安淹沒，身體會開始緊繃，心跳加速，呼吸變得不順暢。這種過度的不安（預期性的不安），也是恐慌症發作的原因。

這種時候就深呼吸，將注意力放在可以放心的對象（人、物、地點、記憶）上。看看是不是感受到具體的不安，例如「對求職結果不安」、「對未來的健康方面感到不安」等等，全部寫成一覽表。

任何感到不安的事，只要想到什麼就寫什麼，光是這樣，對壓力產生反應的荷爾蒙皮質醇就會減少。

某研究發現，透過文章表達情感，可以讓不安與憂鬱症狀大幅減少。另外從其他研究中發現，情感表達豐富的寫作，可以減少一般焦慮症症狀。

此外，根據芝加哥大學的研究，在實驗前十分鐘寫下不安或擔心的事，可以減少不安，實驗結果也比較好。

緩和不安的模擬技法「劇本法」

寫下你覺得不安的事，想到什麼就寫什麼，光是這樣就能讓你平靜下來，不過如果這麼做還是無法停止負面想法，推薦使用「劇本法」。

在認知行為治療中，有一種方式是刻意想像超級負面的內容，以及想像超級正面的內容來伸展內心，以舒緩不安或擔心等情緒。

大家一定要試試看。

首先是寫出以下三點。

1. 最糟糕的情況下會發生什麼事？

（寫出實際上根本不可能發生的超糟糕劇本）

2. 最好的情況下會發生多美好的事？

（寫出實際上根本不可能發生的超完美劇本）

3. 現實中可能會發生什麼事？

（寫出最有可能、最實際的劇本）

或許有人會很意外地覺得竟然要故意想像糟糕的情況。

當往前衝撞不可行時，不妨試試退一步。陷入負面思緒時，刻意試著假設最糟糕的狀況。

你心中最害怕、最糟糕的劇本是什麼？

想像一下，如果事情真的成真了，你會陷入多糟糕的境地？

和最害怕、最糟糕的劇本正面對決，有時候反而會覺得「就算發生最糟糕的狀況也不會死人」、「最糟的情況下只要從頭來過就好，我還有家人在」，心境因而平穩下來。

接著想像另一個極端的最棒的未來。

如果事事都很順利會怎麼樣？發揮想像力，試著編出一個實際上不可能發生，會讓你忍不住想笑的絕佳故事。

在紙上寫下最糟及最好的劇本，便能漸漸看到最接近現實的劇本。寫下來之後，也能慢慢發現，若該劇本成真該如何處置以及其解決方案。

提升自信的日記式書寫作業

這一節介紹可以提升自信的日記式書寫作業。

也許你沒有自信只是因為太常將目光放在失敗上，一旦察覺到自我批判的聲音，首先要對該聲音產生警覺並提出反駁。

再來，對於容易聚焦在失敗的人，就聚焦在成功上以取得平衡。

1. 把注意力放在「微小的成功經驗」

2. 寫下順利完成的事

3. 寫出理由

光是持續這麼做就能增加幸福感。

有一項這樣的研究，請參加者連續一週寫下當天順利完成的三件事以及理由。

結果與沒有寫下來的對照組相比，實驗組在之後的六個月內幸福感增加，壓力程度與身心失調的狀況也都改善了。

只需要每天寫下「順利完成的事」以及理由即可。

如果想不出有什麼微小的成功經驗，那就寫下那一天順利做到的小事，降低書寫的門檻也沒關係，總之試著寫寫看。

例如「打開書閱讀」、「有去散步」、「有忍住不吃零食」、「準備了工作上的簡報」、「買了幾本書」、「比平常更早起」、「被前輩糾正但沒有覺得沮喪，而是迅速轉換了心情」等等。

就算是乍看覺得「這不是應該的嗎？」的事也可以。條列式寫下自己做了哪些事、完成哪些事。如果有來自其他人的感謝或誇獎，建議也一併寫下來。

將微小的成功經驗寫成一覽表

使用筆記本的好處在於可以寫下來保存。

增加自信的成功經驗，或前一章介紹的「感恩的書寫冥想」，甚至可以為它們各自準備有別於一般筆記本的專屬筆記。

有意識地去搜尋，每天應該都可以發現些微的成功經驗，或感受到自己的成長。尋找好事、做到的事、成長的自己，會增加內心正向的能量。

日復一日寫下感恩筆記或成功經驗筆記，自我效能也會越來越高。

自我效能是指「我可以做到」的「自信」或「信念」。

成功克服困難的課題或困難的狀況之後，能夠提升「我可以做到」的自信。可是如果一開始就設立太大的目標，導致失敗或無法持續的話，自我效能就會下降。

所以想要提升自我效能，重點在於不斷累積微小的習慣或微小的成功經驗。重視自己微小的「做到了」的感覺，然後慢慢放大目標，以培養自我效能。

接著，在遇到低潮或碰到狀況時，就回顧那些紀錄。我很踏實地一步一步前進，所以不需要擔心。這也可以成為鼓舞自己的契機。

累積微小的成功經驗可以提升自我效能，最終將連結到大型的成功經驗。

各位覺得如何呢？

到這裡，我們已經介紹了書寫冥想、日記式書寫的基本用法與各式應用。

下一章是最後一章，會介紹「類似冥想的習慣」。基本上這不需要寫下來或坐著冥想，不過如果融入日常生活來調整內心，會讓自己生活得更輕鬆。內容就某層面來說，可以稱之為「不冥想的『冥想習慣』」。

全部都是很容易做到的習慣，一定要融入日常生活試試看。

第六章

不冥想的「冥想習慣」

放下執著之物的習慣

你有沒有一直背負在身上的東西？或是兩手緊抱不放的東西？或是執著的東西呢？

執著是一種被束縛、拘泥在某個目標對象的狀態，例如前男友、自己的小孩、金錢、財產、地位、名譽等無法拋棄的東西。

其中有被迫背負的東西、自己無意識間承擔的東西、不知道為什麼深信自己的人生不可或缺的東西……形形色色，各式各樣。

但其實絕大多數的人都沒有察覺到這件事。

如果察覺了，就能選擇要放手，或繼續背負。

放下執著是解放內心，回歸原本的自己。為了自己內心的平穩與成長，放掉不需要的人事物、情緒或想法。

歷經千辛萬苦得到的東西或金錢，死後一樣也帶不走。

處於執著狀態，就是和不是自己原本的東西合而為一。

如果我們將「其實放手也不會怎麼樣的東西」誤以為是「絕對不可或缺的東西」而過度執著（＝認同）的話，就會陷入「沒有那個東西就活不下去」的依附狀態。一旦陷入這種狀態，即使察覺了也很難再放手，即使理性上明白，卻依然難以自拔。

「讓自己不去想」很難成功

說是這麼說，要放下執著的東西確實很困難。「我必須放下執著……」要是變成「執著於放下執著」這件事，那就本末倒置了。

這種時候，就試試下列兩種方式。

1. 替換對象

不是「讓自己不去想」，而是把意識放在其他對象（例如呼吸）上。另外，如果執著的對象（人、物、行為、結果、過去、理想）會讓你痛苦，那就替換成不會讓你感到痛苦的對象。也就是將意識放在能讓自己內心穩定或能帶來成長的對象，或是相較之下比較不痛苦的對象上。

2. 盡人事聽天命

有句話說「陰極反陽，陽極反陰」。這句話的意思是一切事物「物極必反」。如果推不動，那就拉拉看。刻意反向操作也許會比較容易放手。

盡己所能做到最好，順利的話就是成功的經驗；如果盡己所能做到最好了還是不行，那也可以沒有遺憾地放棄。全力去做自己能做的事之後，無論結果如何，心境都會轉為「我已經努力到這個地步了，就這樣吧」而將命運交給上天。

世間萬物皆是陰與陽的循環。如同白天與黑夜、交感神經與副交感神經、吸氣與吐氣一樣，都是在兩個極端之間擺盪以取得平衡。若只偏向一方，則能量無法循環便陷入苦境。因此重要的是讓能量循環，放手之後，就會有新的能量流入。

最簡單易懂的就是「呼吸」。

可以的話，請有意識地在吐氣時把氣吐盡，不需要想著吸很多氣。就像呼吸這個詞，要先進行呼氣，確實將氣吐乾淨後，自然就會帶動吸氣的動作。

同樣道理，放下自己現在已不再需要的東西之後，身體與心靈就會清出空間，然後新產生的需求、更重要的東西，就會自然流入。

放下執著，從認為「得與不得，於我皆可」的那一刻開始，很神奇的是，原本一直很渴望的東西，或更好的東西，會自然靠向你；或者會有新的相遇、新的緣分自然來到你身邊。

所以不需要害怕。

和吐氣一起，放下後悔、不安與憤怒。

放手的書寫冥想作業

1. 你執著的東西是什麼？

2. 為什麼你會如此執著？

做這項作業時不要寫在筆記本上，而是寫在紙張上。

寫好之後，就揉成團丟到垃圾桶去。如果環境夠安全或是有菸灰缸，也可以將寫好的紙燒掉。只是要小心用火，避免造成火災。

不要期待他人的習慣

清楚知道「可以改變的東西」和「不能改變的東西」之間的界線，就能放下不必要的壓力或煩躁。

我在日常生活中如果察覺到不愉快的情緒，就會這樣問自己。

「這是我能改變的嗎？還是我無法依照自己的意思改變？」

光是這樣問自己，就能減少為無能為力之事煩惱。

例如塞車、景氣、天氣等等，都是自己無法改變的。

以前我也有沒耐心的一面，在排隊或是等紅燈時，都會有些暴躁。

在我遇見正念，開始日記式書寫之後，每一次發現我對自己無法改變的狀況感到煩躁時，就會有意識地客觀觀察自己的內心與呼吸。漸漸地，和以前的自己比起來，日常生活中瑣碎的煩躁次數減少了許多。

還有，如果為了已經發生的事，或已經做過的事感到後悔，我也會開始有意識地放下那個想法和思緒，將注意力放在「現在能做的事」和「之後怎麼做比較好」上面。

最困難的地方，在於配偶或孩子等親人。

即使大腦理解「沒有辦法改變他人」，但我們會依賴自己身邊的家人，因此有時候便忍不住想要改變對方。當然在工作或育兒的時候，是非常難做到完全不出手干涉的。

在規範紀律或教育方面，有時候引導對方往好的方向走也很重要。

因此我的做法是，在人際關係上，只要自己感覺痛苦，就會放下執著（控制欲）。

放下對對方的期待，停止企圖改變對方的想法，內心會輕鬆很多，而從痛苦中獲得解脫。

假設有家長煩惱孩子不願上學。

「希望他快點去學校！」、「學生就是應該去學校!!」家長越這麼想，越會產生「他一直不肯去學校！（我不能接受!!）」的痛苦。若是想放下痛苦，那就試著停止按照自己的想法改變對方，這樣或許會輕鬆很多。

放下執著意味著覺察。

「啊，我想控制孩子照我的想法去做，可是不順利，所以我才覺得很煩躁、很無力吧。」

只是這樣自我覺察，就能更容易放下對對方無意識的期待。

將痛苦分成三種

1.「問題」是發生在外的

2.「疼痛」是發生在身體內的

3.「苦惱」是內心創造出來的

就算「問題」或「疼痛」無法改變，但「苦惱」是自己內心創造出來的，因此只要察覺就能緩和許多。

說得更詳細一點，是內心的反應創造出「苦惱」。

「苦惱」的根本原因就是內心的反應，可以分為「執著」、「厭惡」、「幻想」這三種。

佛教稱這三者為「內心的三毒（煩惱的根源）」。

寫下自己的煩惱，分成這三種類，例如：

● 希望孩子按照自己的想法去做，所以感到痛苦↓「執著」
● 狀況不如己意、討厭「問題」或「疼痛」，所以感到痛苦↓「厭惡」
● 想像這種不好的情況將會持續下去，所以感到痛苦↓「幻想」

「希望事情這樣!!我討厭那樣!!」只要察覺這種內心無謂的反應（消耗能量），內心創造出來的壓力或苦惱就會慢慢減輕。

二〇二〇年我到南印度的聖地聖炬山（Arunachala）巡禮時，當地嚮導告訴我聖者拉馬納・馬哈希的故事，讓我印象深刻。

拉馬納・馬哈希晚年身體被病痛侵蝕，腫瘤在肌肉深處擴散，但據說他完全不煩惱這一切，內心安穩自在。

當然，或許這種從一切「苦惱」中解脫的開悟境界非常困難，不過我們可以做到接受外在的「問題」或身體的「疼痛」，放下痛苦的內心反應（執著、厭惡、幻想），讓內心平靜下來。

就像「雲」與「雲」之間會有陽光灑落，當我們安於當下，就能感受從「苦惱」與「苦惱」的間隙中流洩出的寧靜。

重視「什麼都不做的時刻」的習慣

冥想在某種層面意指「什麼都不做」。

說白了，就是只看著「現在，這個瞬間」。可以說是單純感受「現在，我存在於此」的狀態。

冥想中所說的「什麼都不做」，包含了行為與思考。

如果用其他方式換句話說，「什麼都不做」可以替換成：

- **這個當下我在這裡（沒有想著其他地方）**
- **我接受了現況**
- **我不評判自己**
- **我對真實的我感到放鬆**

有意識地創造不思考的時刻，可以讓內心產生空間。只不過，這是非常困難的事。

據說在江戶時代，一項工作完成後會有很多「什麼都不做」的時間。

這些放空的時間，會不會正是儲備下一次工作能量的重要方式？

現代因為資訊太過氾濫，生活總是被時間追著跑，這已經是我們的原廠預設值了。

所以，比起「做點什麼事」，「什麼都不做」才更加困難。

搞不好還會被認為這麼做有什麼意義。

不過，乍看「什麼都不做」的時刻，會在心中累積能量。擁有「什麼都不做的時刻」，可以讓人生活得更有力量。

舉例來說，週末或國定假日應該是休息的時候，但應該有不少人是拿來煩惱不安的事或工作的事，不然就是假日也忍不住要回覆郵件或做些事務工作。

還有，因為現在網路及智慧型手機已經是理所當然的存在，所以資訊簡直就像洪水般洶湧而至。

搭電車時不但會看到各式各樣的廣告，放眼望去，大家都在盯著手機瞧。打開社群網站，周遭人的近況、社會大眾在熱議什麼話題、正在播什麼新聞，就算不想知道，資訊也會自己竄進來。

有些人一直在看手機，可能是覺得什麼都不做是一件壞事，甚至覺得發呆是在浪費時間。

很難做到「什麼都不做」的原因

「冥想只是在浪費時間」、「什麼都不做是錯的」，或許有時候還會覺得很無聊。

那麼，為什麼會覺得無聊呢？

什麼都不做讓人坐立難安對吧？

這是因為現代人越來越難靠著什麼都不做撫平自己的心緒，我們的「消極能力」（negative capability）已經變得太差。

心理學中，將可以什麼都不做的能力，能忍受模糊不清、不愉快的東西的能力稱為「消極能力」。

因為沒有「消極能力」，所以沒辦法靜靜待在房間裡。假日或完成工作後如果沒有任何安排，就會感到不安或覺得孤單。

哲學家布萊茲．帕斯卡曾說過：

「人類的所有不幸，都來自於無法一個人安靜地待在房內。」

我認為確實如此。

如果可以什麼都不做，一個人安靜待在房間裡並感受到喜悅就好了，可惜就是因為沒辦法忍耐什麼都不做，所以才會去做點什麼。

去散散心、安排行程，因為沒辦法忍受無聊，所以拿起手邊的手機開始看社群網站，或懶洋洋地打開YouTube看影片。

也就是說，為了避開浮躁的感覺、不愉快的想法或情緒，所以要做點什麼好分散注意力，或是蓋過那些感受。

什麼都不做的時刻，是與自己正面相處的時候。

冥想是培養「消極能力」，面對自己的練習。

以前我曾參加過好幾次為期十天的冥想營，一整天觀察自己的身體，會發現湧出各式各樣的情緒及回憶。

一開始會出現不開心或負面的情緒，所以馬上就想動來動去。什麼都不做，只是一直坐著很痛苦。好想動，好想做點什麼壓過去，這種衝動不斷浮現。

在不愉快的感覺、情緒或衝動後，內心漸漸平穩下來，雖然什麼都沒做，但卻能感受到平靜的喜悅。開始懂得仔細品味苦惱或負面的情緒後，內心便感到安穩，也能覺察內在的幸福與細微感受。

我並不是要大家也去參加冥想營，進行十個小時的冥想。而是在心中留白，空出什麼都不做、面對自己的時刻，這並不是一件無意義、無價值的事，而是一段給予靈魂精神養分的時光。

制定懶散日

全球知名的正念指導師，出身於越南的禪僧釋一行，他的教誨中有一項「懶散日」（Lazy Day）。

「懶散日」意思是一週選一天，訂為什麼都不做的日子。出發點是將這一整天用於休息，不要安排任何行程，自由自在、隨心所欲地度過。

大家都會想休假日應該要做些安排。

但不是這樣的，**那天已經有了「這是休息的日子」的安排，所以不能再安插其他行程。**

幫自己留一天休息、懶散的日子。

這一天，建議與工作或日常繁雜拉開距離，積極地讓自己休息。「懶散日」不只是單純什麼都不做，它的意義在於有意識地花時間讓心靈與身體休息。

「懶散日」除了避免物理層面的活動，也要避開精神層面的活動。換句話說，就是也要有意識地讓內心休息。

做一些讓身心休息、自我療癒的事，或積極地放鬆、伸展、冥想，可以的話，也推薦在大自然中散步或冥想。

暫時和忙碌的日常生活拉開距離，可以深刻反省自己的情緒、想法和生活方式，也很適合和書寫冥想一同進行。

為了從現代繁忙生活中找回身心平衡，做到真正的休息與充電，一定要試試將「懶散日」加入生活中。

「有意識地呼吸」的習慣

最近好容易累、睡不著、有氣無力、無止境地煩躁。

早上覺得頭暈下不了床，走出家門就頭痛、肚子痛無法動彈。

這些不舒服或許是因為「自律神經」失調了。

控制人體內臟運作、代謝、體溫等功能的是自律神經。自律神經又分成「交感神經」與「副交感神經」兩種。

就像油門和煞車一樣，當我們清醒活動時會活化的是像油門的「交感神經」，而睡覺或放鬆時活化的是像煞車的「副交感神經」。

當交感神經奮力工作時，血管會收縮讓血壓上升，心理和身體因而處於活動狀態；當副交感神經活躍時，血管會放鬆血壓下降，身心則進入休息狀態。當這兩種性格完全相反的神經平衡時，我們的內心是最健康的。

可是，一旦兩種神經失去平衡，就會成為身心失調的原因。

如果覺得身心說不上來地不對勁，就需要平衡一下自律神經。

1：2呼吸法

這裡推薦吐氣時間長於吸氣時間兩倍的「慢吐呼吸法」。

為什麼慢慢吐氣很重要？

因為呼吸與內心、自律神經連動，有意識地慢慢吐氣會讓副交感神經處於優勢地位。

吐氣和副交感神經有關，現代人經常是交感神經過度運作而打亂了平衡，所以重點在於拉長吐氣時間，讓副交感神經處於優勢地位。

以「1：2」的比率拉長吐氣。

試著慢慢吸氣，你可以吸氣幾秒？

如果吸氣花了四秒，那就用八秒慢慢吐氣。

四秒吸氣，八秒吐氣。

建議在腦中這樣數。

吸2、3、4。吐2、3、4、5、6、7、8。

若是八秒太辛苦了，也可以改變比率沒關係。稍微拉長吐氣的時間，身體會卸下緊繃，更容易放鬆。

可以在呼吸法中加入想像。吸氣的同時，將新鮮的氧氣、生命力吸向內在；慢慢吐氣的同時，則將不安、緊張、緊握不放的東西放下。

感覺每一次吸氣都有新鮮的能量流入身體深處，逐漸充滿全身。

每一次吐氣，感覺肩膀、後背、後頸、大腦的力量鬆開並逐漸放鬆。隨著每一次呼吸，身心都被填滿，然後放鬆。帶著這樣的畫面，細細品味這個當下、瞬間的呼吸。

身心都緩和下來之後，就不要再數數，而是看著呼吸的流動。先嘗試做五次，習慣之後就重複十次。

想要放鬆的時候，想要讓內心平靜的時候，每天這麼做，自律神經就會慢慢平衡，內心也會越來越平穩。

在床上做「身體掃描」的習慣

即使在什麼都不做的狀態下，我們的大腦也會持續處理資訊。所以在晚上睡前時，會反芻一整天發生的事，整理重要資訊，為隔天的任務做準備。

尤其是夜晚大腦和身體都已經累了，所以想法會偏向負面。我們的大腦有「負向認知偏誤」，因此一旦發生了有點在意的事，就會想起不開心的回憶或失敗經驗，然後想個沒完。

想法與情緒是彼此緊密連結的關係，所以無意識地思考，會讓人再次經歷「不安或恐懼」。而不安或恐懼會刺激交感神經，導致呼吸變得急促，身體緊繃，大腦清醒睡不著覺。

回想已經過去的事而感到後悔、想像根本不知道會不會發生的事然後陷入不安、心不在焉像個無頭蒼蠅四處亂竄、總覺得靜不下來……最適合用來改善「內心慣性」的方法就是正念了。

讓總在無意識間不斷想著掛念之事的大腦休息，讓身心都能夠休養。關掉大腦的開關，感受身體與呼吸之後，內心就會平靜下來並慢慢放鬆。

進行身體掃描的三個步驟

■步驟一　調整姿勢

晚上睡前的冥想請關掉電燈躺在床上進行。以你最放心且可以放鬆的空間和姿勢進行。如果能先泡過澡，或利用按摩、瑜伽放鬆身體後再進行會更有效果。

如果察覺到臉部四周肌肉緊繃、眉頭緊皺、牙根緊咬、肩頸有不必要的緊繃時，請慢慢吐氣鬆開。

為了舒緩緊繃，也可以先刻意收縮肌肉，這稱為肌肉鬆弛法。試試繃緊肩膀的肌肉，在吸氣的同時讓雙肩靠近耳朵。

雙肩使勁出力，然後「哈～～～～～」地慢慢吐氣，同時輕輕放開肩膀的力氣。

感覺怎麼樣？肩膀的緊繃應該已經鬆開了。

接著是全身，在吸氣的同時全身使勁出力。

握緊拳頭，讓全身繃緊到發抖。

接著吐氣「哈～～～～～～」，同時放鬆力量。如果感覺怪怪的，就輕輕搖晃身體感受餘韻。

若還有其他緊繃的地方，就自由地動一動。

感受身心舒服的重量感，感受與棉被或床接觸的地方。雙手和雙腳越來越沉重，安穩地停留在地面。

不要用大腦思考，而是用呼吸和身體去感受。

■ **步驟二　意識放在呼吸**

一開始可以從做五回合先前介紹的呼吸法開始。

吐氣是吸氣時間的兩倍，慢慢地吐出氣息後內心就會漸漸平靜下來。內心平靜之後，將意識放在呼吸的感覺上。

這時應該會發現吸氣時胸口或腹部會膨脹，吐氣時胸口或腹部會下沉。請放鬆全身，感受呼吸。

如果浮現出其他想法，就察覺它，再輕輕地離開它，讓意識回到呼吸上。

對於接收到的感覺或想法不要給予好壞判斷，而是以身體直接感受，現在，我正在進行什麼樣的呼吸。

去感受吸氣時全身膨脹，吐氣時全身收縮，背側身體不斷沉入地面。

■步驟三　感受身體的感覺

採仰躺姿勢，像在掃描一樣觀察身體。

腳底、腳踝、小腿、大腿，從下半身開始一個一個仔細地觀察身體的部位。

只是觀察並察覺，身體的力氣自然就會放開。

察覺到身體的緊繃時，就慢慢吐氣，鬆開多餘的力氣。

不需要努力讓自己放鬆，如果有無法鬆開的地方，只需要察覺到這一點就好。

結束觀察全身後，感受整個身體。

皮膚表面的感覺、內側的感覺，從腳尖到頭頂，吸氣的同時感受全身，吐氣的同時也感受全身，感受身體與呼吸同調的感覺。

一旦可以看見並理解現在自己的身體感受到什麼、身體處於什麼狀態，內心就會慢慢地平靜並感受到安寧祥和。

如果感受到自己的肉體有缺陷，那就表達你的同理與感謝。

向一天二十四小時，一年三百六十五天，從出生到死亡全年無休、不斷工作的身體各個部位說聲「謝謝」。

仰躺的身體掃描

步驟一：調整姿勢↓步驟二：意識放在呼吸上↓步驟三：感受身體的感覺

帶著你掃描內側、表面的想像，感受全身各個部位的感覺。

結語

看完這本書，有什麼感想呢？

哪句話讓你印象深刻，哪個部分又讓你想要嘗試呢？

本書的目的，在於讓你將自己模模糊糊感受到的東西化成文字。讓你在痛苦時，像諮商師一樣陪伴自己；想要完成目標或夢想時，像教練一樣給自己勇氣，為自己加油打氣。

陷入低潮時、想要增加動力時、察覺到幸福想要表達感恩時等等，讓你在人生的每一個重要關鍵時刻都想拿起本書好好地面對自己。

我希望做出這樣一本書，所以寫下了這本書。

我想，在不同時刻閱讀，需要的作業或觸動內心的文字應該都不一樣，所以一定要反覆閱讀並實際去嘗試。

我會寫這本書的原因在於我四十多歲時，因為離婚和搬家，遭遇了環境劇變而感到痛苦的時期，最有效果的就是日記式書寫了。

我嘗試了自我關懷、認知行為治療等各種書寫類型的作業，光是那段期間至少就寫了五十萬字以上吧。我親身實驗，將尤其有效的內容按照不同需求分類，整理成每個人都做得到的方式，這就是本書。

多虧在筆記本上寫下各式各樣想法的功勞，我現在能夠察覺自己僵固的想法及慣性，也能夠療癒並接納自己，精神上比以前更穩定，也開始感受到幸福了。

如果沒有那些經驗，這本書必定無法誕生。

這讓我再一次體會到從苦惱中獲得的福分真是無以計數。

從這些親身經歷中，我開始認為人生發生的一切都是必要也是必然，且是最好的。

我現在相信，即使那個當下覺得糟糕透頂的事，事實上仍是賜予許多恩澤的禮物。

「將自己感受到的東西文字化的習慣」，可以更加認識自己與接納自己，這和提升自我實現能力直接相關。

看完本書並不是結束，即使只是簡短的隻字片語，也一定要繼續寫下去。

或許對已經習慣書寫的人來說，會覺得「一分鐘也太短了」、「一分鐘根本寫不了什麼」。

不過就像前面提過的，想要寫更多的人寫超過一分鐘也沒關係。

只不過當壓力沉重，精力、體力都不足的時候，面對自己是一件很艱難的事。無論是誰，都可能在人生的某個時間點經歷失去。

在身心狀況不佳，情緒低落的時期冥想，有時候只是不斷反覆負面想法，反而越來越不安。

即使是在這種時候，花一分鐘書寫應該是每個人都做得到的事。

我希望情緒低落的人、沒有時間的人、不喜歡冥想的人，也可以實踐正念。我想傳遞幸福地活在當下的力量給所有的人。

本書的概念，就是出自於這個想法。

重要的是把注意力放在內在，空出時間面對自己的心。

網路普及的現代，書本或電影的感想，或商品的評價，只要向外搜尋就找得到；可是你的感受、你真正想怎麼做，是向外搜尋找不到的。

能讓你幸福的，不是外在的人事物或狀況。

真正的幸福，早已存在於你的內在。

療癒自己的能力、實現理想人生的能力，也在你的心中。

開啟你內在可能性大門的鑰匙，就是書寫冥想。

一起持續下去。如果能夠透過本書，為你的幸福稍微貢獻一點力量，那就是身為作者無上的喜悅了。

最後，鹿野編輯，真的非常謝謝你（開始寫稿之後，我想傳達的內容有如滔滔江水，前後合計，大概傳了本文十倍之多的原稿給鹿野編輯）。

然後，是從一片書海中拿起本書的你。

謝謝你看到最後。

我帶著感謝之意，準備了可以深入學習本書內容的免費影片講座，給閱讀本書的你。

想用影片學習本書內容的人、很難一個人進行的人、沒辦法持續的人，請活用這些影片。本書無法詳盡介紹的內容，以及不同主題的提問單都放在這個網站中。

http://masaoy.com/kaku/

我會給予支援，一起實踐下去吧。

看到這裡的你，祝你夢想及心願都能成真。
祝你從煩惱及痛苦中解脫。祝你身體健康，幸福快樂。
我希望帶著這些祝福結束這本書。
謝謝你們。

吉田昌生

國家圖書館出版品預行編目資料

1分鐘冥想筆記：比靜坐更簡單的減壓筆記術！ / 吉田昌生著；林佩玟 譯. -- 初版. -- 臺北市：平安文化有限公司, 2025. 06
224面；21×14.8公分. --（平安叢書；第850種）(Upward；179)
譯自：書いて整える1分間瞑想ノート
ISBN 978-626-7650-46-2（平裝）

1.CST: 情緒管理 2.CST: 生活指導

176.54　　114005925

平安叢書第0850種
UPWARD 179

1分鐘冥想筆記

比靜坐更簡單的減壓筆記術！

書いて整える1分間瞑想ノート

作　　者—吉田昌生
譯　　者—林佩玟
發 行 人—平　雲
出版發行—平安文化有限公司
臺北市敦化北路120巷50號
電話◎02-27168888
郵撥帳號◎18420815號
皇冠出版社(香港)有限公司
香港銅鑼灣道180號百樂商業中心
19字樓1903室
電話◎2529-1778　傳真◎2527-0904
總 編 輯—許婷婷
副總編輯—平　靜
責任主編—蔡承歡
責任編輯—林鈺芩
美術設計—嚴昱琳
行銷企劃—謝乙甄
著作完成日期—2023年
初版一刷日期—2025年6月

法律顧問—王惠光律師

讀者服務傳真專線◎02-27150507
電腦編號◎425179
ISBN◎978-626-7650-46-2
Printed in Taiwan
本書特價◎新臺幣399元/港幣133元